CROSSEYED

CÓMO OBTENER LA VICTORIA SOBRE EL PECADO

MICHAEL CHOREY

PUBLICADO POR

The International Localization Network

Lawrence, Kansas 66044

© 2014

Cómo obtener la victoria sobre el pecado

Título original: *CrossEyed. How to Have Victory Over Sin*
© *2006, Mike Chorey*

Traducción del inglés: Carolina Galán de Jackson

Reservados todos los derechos

ISBN: 978-1-935018-67-4

Impreso en los Estados Unidos de América

CROSS-EYED
Cómo obtener la victoria sobre el pecado

Una de las preguntas más importantes que se puede plantear un hijo de Dios es: *"¿Cómo puedo llevar una vida de victoria sobre el pecado?"* Este libro está designado para ofrecerle a usted la respuesta bíblica, además de llevarle a la libertad espiritual. Nuestra oración es que cuando usted encuentre la respuesta, les muestre a otros el camino hacia la victoria, tal y como está prescrito en la Biblia.

"Lo que has oído de mí ante muchos testigos, esto encarga a hombres fieles que sean idóneos para enseñar también a otros" (II Timoteo 2:2).

Michael Chorey

ÍNDICE

INTRODUCCIÓN

No hay momento más importante en la vida de una persona que cuando ésta llega a la fe en Jesucristo y *"nace de nuevo"* (Juan 3:3). Cuando el Espíritu Santo convence a una persona de sus pecados (Hechos 2:37), esa persona los reconoce (I Juan 1:9), se arrepiente y deposita su fe en Jesucristo. ¿Qué significa que se arrepiente del pecado? Arrepentirse es reconocer que usted es pecador, pedirle al Señor que le perdone sus errores, y de manera consciente decidir dejar de cometerlos (Hechos 2:38). Y usted deposita su fe en Jesucristo y en lo que Él hizo personalmente por usted en la cruz para expiar (perdonar) sus pecados (Efesios 2:8-9). En el momento de confesar que usted es pecador y de pedirle al Señor que entre en su corazón, y de darle la espalda a sus caminos pecaminosos, el Espíritu Santo llega a la vida de usted. Esto es lo que la Biblia llama *"nacer de nuevo"* (Juan 3:3).

Después de recibir a Cristo como Salvador (Juan 1:12), el siguiente paso, y de vital importancia, es continuar con Cristo y aprender a caminar en victoria sobre el pecado para que nuestras vidas agraden a Dios y lo glorifiquen. Esta es una de las principales razones por las cuales tenemos la Biblia: saber cómo llevar una vida que le sea agradable a Dios. Si los creyentes no sabemos cómo vivir para Dios, seguiremos regresando a nuestros caminos pecaminosos. El diablo es un ladrón; sabe que puede robar la Palabra del nuevo creyente (Marcos 4:15), y mantenerle en un estado de fracaso. Por esa razón tenemos que aprender lo que dice la Palabra sobre cómo andar en los caminos del Señor para poder obtener victoria sobre el pecado. La Palabra está llena de esperanza, aliento e instrucción sobre los caminos de la fe en Cristo Jesús. Podemos romper el ciclo de pecar y arrepentirnos, pecar y arrepentirnos... ¡Hay victoria sobre el pecado! Podemos superar las frustraciones de *"tratar"* de vivir la vida cristiana y experimentar la *"vida abundante"* que Jesús les promete a todos cuantos creen en Él.

> *"El ladrón no viene sino para hurtar y matar y destruir; yo he venido para que tengan vida, y para que la tengan en abundancia." (Juan 10:10)*

Las estadísticas nos dicen que hoy día uno de cada dos matrimonios cristianos termina en divorcio. De hecho, los matrimonios cristianos están fracasando en la misma proporción que los matrimonios no cristianos. ¿Por qué? Podríamos decir que muchas personas que se consideran a sí mismas cristianas nunca han llegado a "nacer de nuevo" de verdad. Pero también creo que es porque muchos cristianos, aunque aman a Dios y no quieren fallarle, están viviendo una vida cristiana de derrota. Aunque miran hacia la cruz para obtener salvación, no miran hacia la cruz para vivir de una manera victoriosa. Si los cristianos no entienden adecuadamente lo que Jesús logró por medio de su muerte en la cruz, no tienen ninguna ayuda para luchar contra las tentaciones del mundo.

Resulta por eso de vital importancia que todo creyente comprenda cuál es el camino que conduce a la victoria sobre el pecado. La Biblia no nos deja en la ignorancia y sin dirección. De hecho, casi el 98% del Nuevo Testamento nos ofrece instrucción sobre cómo vivir para Dios una vez que seamos salvos.

Mi oración es que este libro, que le va a llevar paso a paso a una revelación de la cruz, le deje completamente informado sobre cómo derrotar a los poderes de la oscuridad y ser liberado de las ataduras del pecado.

Este estudio bíblico tan cuidadoso volverá a poner su fe en el lugar que tuvo cuando usted fue salvo. Una vez el creyente recibe esta revelación que le fue dada primero al apóstol Pablo, sentirá que ¡de nuevo ha nacido de nuevo!

Recuerde que la Biblia no solo nos ordena leerla sino también estudiarla. II Timoteo 2:15 dice: "Procura con diligencia presentarte a Dios aprobado, como obrero que no tiene de qué avergonzarse, que usa bien la palabra de verdad" Por eso le animo a que no solo lea <u>Crosseyed</u>, sino que también lo use como ayuda para estudiar la Palabra.

Capítulo uno

Mi testimonio

Fui salvo en día 28 de marzo de 1982, domingo, en la iglesia llamada the Chapel, en Buffalo, estado de York. Mi hermana llevaba más de un año hablándome de Cristo. El día de mi salvación supe que algo había cambiado. Caminé por el pasillo de la iglesia hacia el altar, y el pastor se acercó a mí y me preguntó "¿Por qué te has acercado al frente?" Pensé entonces que si contestaba mal la pregunta no sería salvo. No supe qué decir, así que dije lo primero que me vino a la mente: "Porque amo a Jesús," y él me contestó: "Esa es la respuesta correcta."

Ese día me arrepentí de mis pecados y deposité mi fe en Cristo como mi Salvador personal. Cuando avancé por ese pasillo sabía que todo era por Jesús. Cuando el Espíritu Santo vino a mi vida, me enamoré de la Palabra de Dios a medida que éste comenzó a revelarme las verdades de las Escrituras.

Varios años más tarde, cuando estudiaba en la Universidad de Buffalo, un día después de un entrenamiento de fútbol americano me sentí maravillosamente lleno del Espíritu Santo. Unos cuantos meses después de mi encuentro con el Espíritu Santo, el Señor me llamó a trabajar en el ministerio cristiano a tiempo completo. Al terminar la universidad me apunté a Juventudes para Cristo, y con la ayuda de mi hermana y de un buen amigo inicié una sección totalmente nueva en la zona oeste del estado de Nueva York.

Como entrenador de fútbol, trabajé con adolescentes en secundarias, habándoles de Jesús a los estudiantes. Era un trabajo muy duro. Recuerdo que pensé "Esto es lo más difícil que he hecho en mi vida." Tenía que ir a colegios públicos y tratar de ganar para Jesús a estudiantes seculares, eso siendo ilegal predicar en un colegio público. Y encima de todo, tenía que levantar mi propio salario. Hubo muchas veces que pensé dejarlo. Pero Dios no me lo permitió. Pero había una cosa que tenía clara: Dios me había llamado, y cuando Él lo hace, uno no puede dejarlo.

El Señor me había dado una gran visión de alcanzar a adolescentes. Me di cuenta de que cuanto más hacía por el Señor, más fuertes se volvían los ataques espirituales del diablo. A veces eran tan intensos, y la opresión tan grande que pensé que ya no podía más. Pero el Espíritu del Señor siempre me ayudó.

El Señor comenzó a abrir puertas estupendas para alcanzar con el evangelio a muchos jóvenes. Por medio de una Conferencia Juvenil de Navidad llegamos a alcanzar anualmente a un promedio de cinco o seis mil estudiantes y líderes. El Señor nos proporcionó además un programa semanal de radio, lo que nos permitió alcanzar a muchas más cada semanas. Hacíamos evangelismo en escuelas, entrenábamos a líderes juveniles, organizábamos encuentros evangelísticos, cruzadas, y hablábamos con mucha gente. Dios estaba usando el ministerio de una gran forma.

ENTONCES EL DIABLO SUBIÓ EL FUEGO

Pero durante esa época, el diablo comenzó a subir el fuego. Parecía como si se hubiera presentado ante el Señor, igual que hizo con Job, y le hubiera dicho: "Señor si me permites ir tras Mike Chorey, creo que se echará para atrás y dejará el ministerio y ya no te seguirá." Creo que el Señor le dio permiso al diablo pero con ciertas restricciones (será obvio).

Comencé a darme cuenta de que estaba sufriendo tanto estrés y tanta opresión que me estaba alejando del

Señor. Llegué a sentirme tan derrotado que pensé que iba a dejar el ministerio del todo. No entendía por qué me sentía tan derrotado. Estaba perdiendo, además, el deseo de seguir en el ministerio, y a veces, aunque muy pocas, incluso pensé en abandonar al Señor. En lo profundo de mi corazón sabía que seguir a Jesús era la única vida verdadera para mí, pero era incapaz de hallar la victoria. Yo era un cristiano derrotado; mi naturaleza pecaminosa regía sobre mí; me parecía vivir una vida hipócrita, y lo era. Estaba predicando la victoria, pero hubo una época en que parecía que lo único que conocía yo era la derrota.

Durante los peores momentos de mi opresión, el Señor comenzó a mostrarme la cruz. Aunque yo ya estaba poniendo mi confianza en lo que Jesús había hecho en la cruz para salvarme del infierno, nunca había considerado la cruz para obtener victoria sobre el poder de la naturaleza pecaminosa. Comencé a darme cuenta de que a la hora de vivir para Dios estaba viviendo la mayor parte de mi cristianismo bajo la mentalidad de la ley. Estaba tratando diligentemente de guardar las disciplinas cristianas, e incluso me sentía orgulloso de mi compromiso con el Señor. Sin embargo, yo no entendía la obra del Espíritu Santo. Pensaba que si era fiel y disciplinado, no caería.

Pero al comenzar a luchar en mi caminar con Jesús, empecé a mirar con más detenimiento lo que Él había hecho en la cruz. Me di cuenta de cuál era la esencia de mi fe y de cómo, en la cruz, Jesús no solo había pagado por el pecado, sino que también había roto el poder de éste.

MI MOMENTO DE HOMBRE MISERABLE

Aunque ya lo entendía en mi mente, continuaba sintiendo derrota en mi vida cristiana. Sabía que el Señor no estaba contento con mi manera de vivir, pero no sabía cómo romper el asidero que el diablo tenía en mi vida. Era consciente de que iba camino de destruir todo, pero no era capaz de dejar de ir cuesta abajo. Una noche, cuando ya llevaba varios meses de lucha, llegué al final de mis fuerzas.

Clamé fuertemente al Señor. Esto es lo mejor recuerdo de las palabras que en mi desesperación le dije al Señor:

"Señor, ¿es esto el cristianismo? Uno es salvo, lleno del Espíritu Santo, recibe un llamado al ministerio... y después se convierte en un fracaso y pierde su caminar con Dios y abandona el ministerio. ¿Eso es todo? ¿Tan grande es s el poder del diablo?"

Entonces, después de mucho llorar, el Señor me recordó las palabras del apóstol Pablo. Lleno de lágrimas, clamé con las mismas palabras de Pablo que leemos en Romanos 7:2425, "¡Miserable de mí! ¿Quién me librará de este cuerpo de muerte? Gracias doy a Dios, por Jesucristo Señor nuestro."

Mientras yo estaba ahí, en el piso de mi casa, quebrantado y dispuesto a dejarlo todo, el Señor comenzó a moverse en mi corazón. Lo sentí a Él muy fuertemente. Me di cuenta de que esa noche el Señor tomó posiciones importantes en mi corazón. No era capaz de explicarlo, pero sabía que Dios había roto la fortaleza que el diablo tenía en mí. Al día siguiente sentí como si mi naturaleza pecaminosa hubiera sido empujada hacia abajo. Ya no deseaba dejar el ministerio ni al Señor, y sentía una nueva pasión para vivir para Dios. La tentación había desaparecido.

¡JESÚS ME LIBERÓ!

Las semanas y meses que siguieron a esa experiencia me hicieron comprobar que algo había pasado de verdad durante esa noche que le pedía al Señor que me liberara. Los versículos sobre se me hicieron más claros. El Señor comenzó a mostrarme la pieza que me faltaba. Yo estaba viviendo con orgullo espiritual, pensando que mi caminar con Dios era tan fuerte que podría resistir todas las tentaciones del diablo. Así que el Señor me permitió ver cuán desesperado estoy sin Su poder. Me mostró cuánto lo necesito, y cómo no podría vivir la vida cristiana sin el poder del Espíritu Santo. Me di cuenta de lo miserable que era yo realmente, y de que tenía que depender de Él en cada momento de cada día.

EL RÍO COMENZÓ A FLUIR

Desde ese momento, el Señor comenzó a abrirme Su Palabra y a mostrarme la revelación de la cruz. Fue como volver a ser salvo. Empecé a sentir nuevo gozo y nuevo poder en mi caminar con Dios. Seguí aprendiendo cada vez más sobre la cruz para llevar una vida piadosa. Era como un río que cada vez fluía con más fuerza. De hecho, hasta hoy día, este río se hace cada vez más profundo.

Es como si la Biblia fuera un puzzle, y yo hubiera encontrado la pieza que me faltaba. A medida que comencé a ver la cruz en todas partes de las Escrituras empecé también a entender mejor todo lo que hay en ellas.

Poco después de que el Señor me diera la revelación de la cruz me llamó a fundar una iglesia. Yo lo había ido posponiendo durante varios años porque no quería ser pastor. No me veía a mí mismo predicando semana tras semana. Ni tampoco quería tener que afrontar los interminables problemas a que se enfrenta un pastor.

Pero por fin, después de mucha confirmación y convicción de que si no iniciaba la iglesia tendría que rendirle cuentas a Dios por mi desobediencia, me di cuenta de que no tenía otra opción. Así que abrimos la iglesia en marzo del año 2003.

Desde el momento en que comenzó la iglesia entendí por qué me había llamado Dios a ello. Quería que yo le entregara el mensaje de la cruz a tanta gente como fuera posible. Él me había dado la victoria, y ahora quería que yo se la mostrara a otros. Incluso nombramos la iglesia según la revelación que me había dado el Señor. La llamamos Cross River (Río de la Cruz). La iglesia se iba a enfocar en enseñar que el flujo del Río (el Espíritu Santo) llegó por medio de la revelación de la cruz. Dios me estaba usando para construir una iglesia totalmente enfocada en la cruz.

15

Tras experimentar la victoria de la cruz para mi santificación personal (para vivir de una manera santa), empecé a ver una unción más profunda en nuestra experiencia ministerial. Cada vez había más estudiantes que llegaban a ser salvos, llenos del Espíritu y sanados. El mensaje de la cruz, que me fue revelado en medio de un llanto desesperado, estaba siendo usado ahora para alcanzar a miles y miles de adultos y de jóvenes.

EL DIABLO REGRESÓ

Pero poco después noté que la lucha regresaba. Aunque ya no era tan fuerte como antes, yo seguía sintiendo que estaba volviendo a caer en ese agujero del que había sido librado. No entendía por qué. Entonces me di cuenta de que aunque el diablo se había marchado, ahora estaba de vuelta. Una cosa que he aprendido sobre el diablo es que nunca se cansa.

Pero ahora ya sabía que el mensaje de la cruz era el mensaje de la victoria. Sabía cómo resistir al diablo y lo que le haría huir. Contra lo que no podía luchar el diablo era contra la sangre y la dependencia en esa sangre que fue derramada.

Sin embargo, aunque por medio de esta revelación el Señor me había liberado gloriosamente del poder de mi naturaleza pecaminosa, ésta seguía asomando su fea cabeza y causándome problemas. Aunque ya no me encontraba en absoluto en la misma situación que antes, seguía preocupado y me preguntaba por qué estaba sucediendo eso. Ya conocía la victoria. Pensé que una vez se conoce el sendero hacia la victoria (fe en Cristo y éste crucificado), uno camina en una victoria constante. Conociendo estas cosas, e incluso sabiendo que eran verdad, aún me faltaba algo. ¿Qué era?

Después de eso el Señor me mostró cuán importante es que el creyente renueve su fe diariamente. Yo tenía que mantener una fe fuerte en lo que sabía era cierto. Si mi fe se debilitaba, o si yo apartaba los ojos de Cristo y la cruz por un solo día, volvería a comenzar a fallarle a Dios.

LA FE ESTÁ EN EL CENTRO

"Así que la fe es por el oír, y el oír, por la palabra de Dios" (Romanos 10:17). Y Jesús dijo que si alguien quiere seguirlo, "tome su cruz cada día" (Lucas 9:23). La expresión "cada día" me cayó encima como si fuera una montaña de ladrillos. Comencé a darme cuenta de que cada día de esta vida tiene sus propios desafíos, y que tengo que encarar cada día de mi vida pensando "Tengo que renovar mi vida hoy y caminar en el poder del Espíritu." Supe que cada nuevo día, tenía que volver a morir a mí mismo. El apóstol Pablo dijo: "cada día muero" (I Corintios15:31).

Tenemos que darnos cuenta de que vivir una vida cristiana victoriosa es un desafío diario. El diablo no va a dejar de tratar de que usted aparte sus ojos de Cristo y éste crucificado. Usted tiene que renovar diariamente su fe en Cristo y en la cruz.

A mí me fue revelada la cruz, pero tuve que mantener una fe fuerte en lo que sabía. Para conseguirlo leí, estudié y escuché la Palabra de Dios predicada y enseñada. Pasaba tiempo con Jesús diariamente. Es necesario que cada día nos apropiemos de nuestra fe en el evangelio de Jesucristo. Si lo hago, mi fe continúa creciendo y fortaleciéndose.

He descubierto que cuando mi fe sigue siendo fuerte en la cruz del Calvario, el Espíritu Santo continúa brindándome la victoria. ¿Qué hacemos para que nuestra fe siga siendo fuerte? Pasar tiempo diariamente en la Palabra de Dios, en la oración, seguir deleitándonos continuamente en Cristo.

Una vez que usted aprenda las importantes verdades sobre cómo vivir, entonces comenzará a sentir una libertad maravillosa en el Señor. Yo no soy perfecto en absoluto —todavía peco—pero me he dado cuenta de que cada vez lo hago menos, ¡gloria a Dios! Dios está perfeccionando mi fe. Me ha cambiado y me está cambiando (Filipenses 1:6).

Si usted deposita su fe en el objeto adecuado, que es Cristo y éste crucificado, entonces seguro que experimentará una relación reavivada con el Señor. Y andando el tiempo, será cada vez mejor. Usted irá de victoria en victoria. Toda la gloria va para Jesucristo y la cruz. ¡Porque yo no me voy a gloriar en nada más que en la cruz (Gálatas 6:14)!

Voy a repetir lo que dijo en una ocasión un predicador, algo que no he olvidado nunca: "Nunca separes a Jesús y la cruz. Cuando pienses en Jesús, piensa en la cruz, y cuando pienses en la cruz, piensa en Jesús." ¡Gloria a Dios!

Capítulo dos

El pecado... cómo entró en el mundo

¿Por qué hay tanto dolor y sufrimiento en el mundo? ¿Por qué hay bebés que son arrancados del vientre de sus madres y no llegan a tener oportunidad de vivir? ¿Por qué legalizan un acto así los gobiernos de las naciones más ricas y prósperas del mundo? ¿Por qué hay tantas enfermedades incurables que cada año claman las vidas de millones de personas? ¿Por qué hay gente que pasa hambre si existe suficiente comida para alimentar a todos? ¿Por qué hay personas que matan a otras? ¿Por qué existe la guerra? ¿Por qué hay divorcio, inmoralidad sexual, violaciones, mentiras, robos, fraude, violencia física, profanidad, ira, odio, celos y envidia? Y la lista continúa.

Solo hay una respuesta, y se llama pecado. El pecado ha causado más dolor, más pesares, más devastación y destrucción de lo que podemos llegar a imaginar. ¿Dónde empezó todo esto y por qué tenía que suceder? ¿No podría haberse evitado?

En el original griego, la palabra *"pecado"* es *"hamartia"*, que significa *"equivocarse en el verdadero objetivo y en el alcance de la vida"*. El hombre ha fallado el blanco y se queda corto, no alcanza el estado perfecto en que Dios lo creó. Romanos 3:23 dice *"por cuanto todos pecaron, y están destituidos de la gloria de Dios."* La gloria de Dios es Su esplendor; y cuando una persona peca, en ese momento está destituida de la gloria o esplendor de Dios. Como Dios es el juez justo de Su creación, él único veredicto que puede pronunciar es ¡culpable!

La pecaminosidad humana es una ofensa a Dios, ya que el pecado es una rebelión contra Dios y Sus caminos. El pecado trae como resultado muerte, muerte espiritual, que significa separación de Dios.

Los científicos no saben por qué envejece el cuerpo humano, ya que está diseñado para rejuvenecerse a sí mismo cada siete años aproximadamente. Pero la Biblia sí nos explica por qué envejece el cuerpo humano, y al final muere: por el pecado. Toda la raza humana ha sido infectada por esta enfermedad tan terrible, porque el hecho de nuestra muerte inminente es una verdad ineludible. La Biblia dice: *"la paga del pecado es muerte"* (Romanos 6:23). El castigo por el pecado es muerte espiritual, que es separación eterna de un Dios santo y perfecto.

El hombre en su estado pecaminoso no puede llegar a entender de verdad lo horrible que es el acto de pecado. El pecado es una negación osada y rotunda de los mandatos de Dios. Pecar es decir: *"Voy a hacer las cosas a mi manera, sean cuales sean las consecuencias".* A fin de cuentas, pecar es decirle a Dios: *"Yo soy dios, y mi manera de hacer las cosas es mejor que la tuya".* Esta falta de respeto tan absoluta hacia un Dios santo y hacia sus caminos perfectos nos lleva a condenación, juicio y separación de Dios.

Cómo empezó todo

El primer pecado se cometió en el huerto de Edén, que muchos eruditos bíblicos creen que se encontraba al este de Israel, en la confluencia de los ríos Tigris y Éufrates. Ese lugar donde se encontraba la antigua Babilonia, hoy se conoce como Irak.

La Biblia dice que cierto día, cuando Adán y Eva estaban caminando por el huerto, el diablo se acercó a ellos en forma de serpiente y comenzó a hablarles. Ya sabemos que el diablo tiene la habilidad de ocultar su identidad real; la Biblia dice que hay veces en que incluso se disfraza de *"ángel de luz"* (II Corintios 11:14).

Mucha gente que lee el capítulo 3 de Génesis quizá no entiende realmente la profundidad de lo que sucedió ese día en el huerto del Edén. El dolor, el pesar y el sufrimiento que resultaron del pecado de Adán y Eva son inimaginables. Sin embargo, los caminos engañosos de Satanás —su plan de destrucción— están claramente explicado en estos pasajes.

El diablo se llevó a Eva a una pendiente cuesta abajo que hizo que ella y Adán cometieran el primer pecado, que a su vez infectó a toda la humanidad. Veamos cómo sucedió exactamente.

1. Satanás comenzó por cuestionar la Palabra de Dios. Trató de tergiversarla con afirmaciones falsas de lo que Dios había dicho de verdad.

"Pero la serpiente era astuta, más que todos los animales del campo que Jehová Dios había hecho; la cual dijo a la mujer: *¿Conque Dios os ha dicho: No comáis de todo árbol del huerto?" (Génesis 3:1)*. Satanás sabía perfectamente bien que eso no era lo que Dios les había dicho a Adán y Eva. Eva corrigió rápidamente a la serpiente y dijo: *"Del fruto de los árboles del huerto podemos comer; pero del fruto del árbol que está en medio del huerto dijo Dios: No comeréis de él, ni le tocaréis, para que no muráis" (Génesis 3:2-3)*.

Eva citó correctamente lo que Dios había dicho. Casi. Dios nunca les dijo que no podían tocar la fruta; eso lo añadió ella. Por lo menos, en las Escrituras no pone que Dios dijera eso. Recuerde que hasta este momento Adán y Eva no habían desobedecido nunca lo que Dios les había dicho que hicieran, y nunca se les había pasado por la mente rebelarse contra la Palabra de Dios. Pero Satanás lanzó su red de destrucción cuidadosa y sutilmente.

2. Satanás fue contra lo que había dicho Dios; mintiéndole a Eva. Sencillamente, le llamó mentiroso a Dios.

Génesis 3:4 dice: *"Entonces la serpiente dijo a la mujer: No moriréis".* Satanás disfruta mintiéndonos, y trata de persuadirnos de que las consecuencias del pecado no son tan severas.

Con demasiada frecuencia nos tomamos el pecado a la ligera. No nos importa el juicio por el pecado, y pensamos: *"Dios no va a mandar al infierno a una persona tan amable como yo".* El diablo nos engaña y nos hace pensar que el pecado no es tan malo, y que realmente no vamos a morir y pasar la eternidad en el infierno por nuestros pecados. Con la ayuda del diablo nos convencemos a nosotros mismos de que Dios realmente no está diciendo que *"La paga del pecado es muerte".*

Todas ésas son mentiras del diablo, y la humanidad las ha creído. Por eso vemos hoy día una actitud tan despreocupada hacia los comportamientos pecaminosos. Por eso la gente se toma a la ligera cosas como la inmoralidad sexual, la embriaguez, el odio, las mentiras, los juegos de azar... y considera que estos pecados son cosas normales. Hoy día la mayoría de la gente no le da mucha importancia al pecado, si es que llegan a reconocer que existe. Se han autoconvencido de que Dios realmente no está hablando en serio sobre lo que dice en la Biblia sobre el pecado.

3. Satanás les presentó a Adán y a Eva la idea de que Dios los estaba engañando y tratando de impedir que llegaran a ser todo lo que podrían ser.

Les ofreció la tentación máxima: ¡ustedes pueden llegar a ser un dios! Génesis 3:5 dice: *"sino que sabe Dios que el día que comáis de él, serán abiertos vuestros ojos, y seréis como Dios, sabiendo el bien y el mal".*

En este versículo vemos el deseo pecaminoso de Satanás que hizo que fuera expulsado del cielo. La Biblia enseña que en un principio Satanás era un ángel llamado Lucifer. Era uno de los ángeles más bellos creados por Dios. Asimismo contamos con cierta evidencia de que tenía más talento musical que el resto. Pero debido a su orgullo,

Lucifer quiso ser igual que su Creador, y se rebeló, con lo que fue arrojado del cielo y lanzado a la tierra.

ADÁN Y EVA FUERON ENGAÑADOS

Adán y Eva se creyeron la mentira y comieron del árbol.

Génesis 3:6 dice: *"Y vio la mujer que el árbol era bueno para comer, y que era agradable a los ojos, y árbol codiciable para alcanzar la sabiduría; y tomó de su fruto, y comió; y dio también a su marido, el cual comió así como ella".*

Fijémonos en la progresión del pecado original:

1. La mirada— *"Y vio la mujer que el árbol era bueno..."* El árbol le pareció bueno a Eva. El pecado se adorna para parecer bueno y tentarnos. De lo contrario no seríamos tentados por él. Así que Satanás se disfraza para parecer bueno. *"...era agradable a los ojos".* La comida es una de las mayores necesidades del hombre, así que Satanás la usó para engañar a Adán y a Eva.

2. El pensamiento—*"... y árbol codiciable para alcanzar la sabiduría..."* Lo que le vino a la mente a Eva fue que si comía del fruto se beneficiaría o mejoraría su posición. Satanás la engañó en sus pensamientos.

3. La acción—*"... y tomó de su fruto, y comió".* Eva desobedeció la Palabra de Dios y pecó.

4. La influencia —*"y dio también a su marido, el cual comió así".* Eva le ofreció el fruto a Adán e influyó también en su forma de pensar sobre el pecado.

Alguien dijo en una ocasión que la debilidad mayor del hombre es su inhabilidad para resistir la persuasión de una mujer. Satanás usurpó la autoridad de Adán, dirigiéndose primero a su esposa, pero lo hizo para atacar a ambos.

El momento en que Eva tomó la fruta y la comió fue el segundo peor momento de la historia humana. El peor momento en la historia humana fue cuando Adán comió la fruta, no cuando lo hizo Eva. ¿Por qué? Uno pensaría que como Eva comió primero, ése fue el peor momento. Pero por muy terrible que fuera, no fue peor que Adán comiendo la fruta. Cuando Eva comió la fruta, el pecado entró en el mundo; pero no pasó a toda la raza humana hasta que Adán comió. La Biblia declara que el pecado, o la naturaleza de pecado, se propaga por la semilla del hombre, no de la mujer. I Corintios 15:22 dice: *"en Adán todos mueren".*

LA NATURALEZA DEL HOMBRE

El pecado podría haber comenzado y terminado con Adán si éste se hubiera negado a comer la fruta. Pero cuando Adán siguió a su esposa en este acto de desobediencia, se convirtió en el principal portador de la enfermedad llamada pecado. Adán infectó a toda la raza humana. Su simiente, su mismito ADN, llevaba en él la naturaleza pecaminosa, y la pasó de generación en generación. Por eso el rey David usó estas palabras para describir lo contagioso del pecado: *"He aquí, en maldad he sido formado, Y en pecado me concibió mi madre"* (Salmo 51:5).

Cuando Dios creó a Adán y a Eva, les dio una *"naturaleza humana"* y una *"naturaleza divina"*. Tenían una conciencia humana y una conciencia divina. Cuando pecaron perdieron su conciencia divina. Fue sustituida por una *"naturaleza de pecado"*.

Después de pecar al comer el fruto (lo que llamamos la caída del hombre), se dieron cuenta de que estaban desnudos y se avergonzaron. *"Entonces fueron abiertos los ojos de ambos, y conocieron que estaban desnudos; entonces cosieron hojas de higuera, y se hicieron delantales."* (Génesis 3:7). El velo de inocencia se les cayó de los ojos. Perdieron la conciencia divina y ganaron la conciencia de pecado o naturaleza pecaminosa.

Toda persona que vive sobre la faz de la tierra tiene por lo menos dos naturalezas: nuestra naturaleza humana (la habilidad de sentir amor, gozo, dolor y sufrimiento), y la naturaleza de pecado (nuestra habilidad o deseo de rebelarnos contra Dios).

Jesús nació sin naturaleza de pecado porque no fue concebido por un hombre sino por el Espíritu Santo. Por tanto nació sin pecado. Pero fue tentado, y si hubiera sucumbido a la tentación, como le pasó a Adán y a Eva, habría caído y recibido una naturaleza pecaminosa, igual que les sucedió a ellos.

Cada vez que una persona llega a Cristo y nace del Espíritu, se le otorga una tercera naturaleza. En el momento de la salvación recibe una naturaleza divina. II Pedro 1:4 dice: "por medio de las cuales nos ha dado preciosas y grandísimas promesas, para que por ellas llegaseis a ser participantes de la naturaleza divina, habiendo huido de la corrupción que hay en el mundo a causa de la concupiscencia" (énfasis añadido).

El Espíritu Santo [la naturaleza divina] entra cuando invitamos a Cristo a nuestras vidas. La naturaleza divina no puede pecar porque es santa y odia el pecado. Esta naturaleza divina está en guerra contra la naturaleza de pecado (la carne) de nuestras vidas. Gálatas 5:17 dice: "Porque el deseo de la carne es contra el Espíritu, y el del Espíritu es contra la carne; y éstos se oponen entre sí, para que no hagáis lo que quisiereis".

Esta naturaleza de pecado ha redefinido lo que está bien y lo que está mal. Este es el problema que ha plagado el mundo desde aquel día de Adán en el huerto de Edén.

<h3 style="text-align:center">¿PODRÍA HABERSE EVITADO?</h3>

¿Podría haber evitado la humanidad caer en el pecado? ¡Sí! Pero el hombre eligió seguir su propio camino. Podríamos pensar: "Si Dios sabía que el hombre le iba a desobedecer, y que el pecado iba a entrar en el mundo, y conocía también la *destrucción que iba a seguir, ¿por qué creó al hombre y por qué le dio la habilidad de tomar decisiones equivocadas?".* No tenemos respuesta para esa pregunta, pero sí sabemos que Dios ama Su creación (Juan 3:16). También nos ha dado un camino para que el hombre regrese a Él y un camino para parar la destrucción: el camino de la cruz (Juan 14:6).

El hombre no puede cambiar hoy el pecado original, ni tampoco el hecho de que fuéramos concebidos con una naturaleza de pecado. Sin embargo, el hombre es responsable de aceptar o rechazar la solución a la naturaleza de pecado, que es lo que Cristo hizo en la cruz para salvarnos de él.

ENTENDAMOS LA SERIEDAD DEL PECADO

La mayoría de las personas no entienden la miseria de sus pecados ni cómo les han causado una separación de Dios. Constantemente oigo a gente que parece dar por hecho que una *"buena"* vida debería ser suficiente, como si las buenas obras bastaran para compensar el costo de nuestros pecados. Hoy día hay incluso predicadores que afirman que toda búsqueda legítima de Dios —ya sea por medio del hinduismo, del Islam o de cualquier otra religión— es suficiente, y que Jesús murió por todos, lo acepten o no.

A pesar de su optimismo, eso no es lo que enseña la Biblia. Las buenas obras no son suficientes para salvarnos, y no todo el mundo va a ir al cielo (Efesios 2:8-9, Juan 3:16-18). La Palabra es muy clara en que tenemos que creer en Jesucristo como Señor y Salvador, reconocer lo que hizo en la cruz para salvarnos, y arrepentirnos de nuestros pecados. Quien falle en esto no entrará en el reino de Dios ni estará con Él toda la eternidad.

El pecado es un asunto muy serio para Dios y conlleva consecuencias serias: muerte para toda la eternidad. Tenemos que tomar una decisión muy importante. Dios no quiere que pasemos la eternidad separados de Él. II Pedro 3:9 dice: *"El Señor no retarda su promesa, según algunos la tienen por tardanza, sino que es paciente para con nosotros, no queriendo que ninguno perezca, sino que todos procedan al arrepentimiento".* Él no desea que perezca ninguno de sus pequeños. (Mateo 18:14).

Dios le ha dado a toda persona la posibilidad de elegir, y un libre albedrío para elegirlo o rechazarlo. La Biblia dice: *"Mira, yo he puesto delante de ti hoy la vida y el bien, la muerte y el mal... A los cielos y a la tierra llamo por testigos hoy contra vosotros, que os he puesto delante la vida y la muerte, la bendición y la maldición; escoge, pues, la vida"* (Deuteronomio 30:15, 17).

Cross-Eyed

Capítulo tres

La naturaleza de pecado versus la naturaleza divina

Para poder entender el problema del pecado hemos de llegar a la raíz de éste, que es la naturaleza de pecado. Se trata de una naturaleza maligna que habita en todo ser humano, y es una naturaleza que se rebela contra las leyes de Dios. Cuando fuimos concebidos se nos dio una naturaleza humana y una naturaleza de pecado. Por esta razón no necesitamos enseñarles a mentir a los niños, y en cambio sí tenemos que enseñarles a decir la verdad. No hace falta que les enseñemos a los niños a ser egoístas, pues eso lo hacen de manera natural, pero sí que tenemos que enseñarles a compartir.

Cuando una persona llega a la fe en Cristo, la naturaleza de pecado es destronada (separada) y ya no puede controlar la vida de esa persona. En el capítulo 6 de Romanos, Pablo explica cómo se salva el creyente y cómo el Espíritu Santo derrota la naturaleza de pecado. Romanos 6 es uno de los capítulos más importantes de la Biblia, porque si no lo entendemos de la forma adecuada, los creyentes viviremos derrotados.

ROMANOS SEIS

Pablo comienza explicando los mecanismos de qué hace el Espíritu para brindarnos la victoria sobre el pecado. Si queremos llevar una vida cristiana victoriosa hemos de entender cómo actúa en nuestras vidas el Espíritu Santo.

Pablo deja muy claro que si una persona ha sido salva de verdad, le será imposible llevar una vida de pecado habitual. Pablo muestra que el cristiano ha cambiado

29

de amo y que la nueva naturaleza (naturaleza divina) que ha recibido del Señor no es una naturaleza de pecado sino una naturaleza que es completamente justa. Romanos 6:22 dice: *"Mas ahora que habéis sido libertados del pecado y hechos siervos de Dios, tenéis por vuestro fruto la santificación, y como fin, la vida eterna".*

Pablo usa el artículo determinado *"el"* antes de la palabra *"pecado"* en la mayoría de las referencias de Romanos 6. Así que cuando Pablo usa la palabra *"pecado,"* no se está refiriendo únicamente al acto de pecado sino que está hablando de la naturaleza de pecado. Cada vez que vea la palabra *"pecado",* sustitúyala por *"naturaleza pecaminosa"* (excepto en el versículo 15, donde se refiere al acto de pecado), y verá qué se comprende mucho mejor.[1]

Como ya hemos dicho, todos nacemos con una naturaleza humana y una naturaleza de pecado (Salmo 51:5 y Romanos 3:23). Antes de nuestra salvación, nuestras vidas estaban regidas por nuestra naturaleza de pecado, y pecábamos de forma habitual, sin siquiera pararnos a pensarlo. Pero cuando nacimos de nuevo, se nos otorgó una naturaleza divina. Eso sucedió por medio del Espíritu Santo, que vino a habitar nuestros corazones y nuestras vidas.

Ahora que somos participantes de la naturaleza divina ¿debemos continuar pecando? Pablo se plantea esto en Romanos 6:1, cuando dice (paráfrasis), *"¿Debemos continuar permitiendo que la naturaleza de pecado rija y domine nuestra vida para que abunde la gracia?".* Su respuesta a esta pregunta es *"¡De ninguna manera!"*

Para obtener victoria sobre la naturaleza de pecado, lo primero que tenemos que saber es que nuestra naturaleza de pecado no queda erradicada (eliminada). Cuando somos salvos simplemente es destronada, desactivada, hecha inefectiva.

PUNTOS DE VISTA DIFERENTES SOBRE LA NATURALEZA DE PECADO

Fijémonos ahora en los diferentes puntos de vista que los creyentes suelen tener al tratar con la naturaleza de pecado:

1. Negación—Una vez que uno es salvo, el creyente no cree tener una naturaleza de pecado.

2. Ignorancia—El creyente no estudia la Biblia, y por tanto ignora lo que ésta dice sobre la naturaleza de pecado. Si no la afrontamos, esta falta de conocimiento dejará al creyente completamente derrotado. Y lo que es peor, si no tratamos con ella, la naturaleza de pecado puede hacer que deje la fe por completo.

3. Licencia—La persona cree que como ha sido salva por gracia, puede pecar a voluntad, y la gracia cubrirá sus pecados.

4. Lucha—La mayoría de los creyentes lucha contra la naturaleza de pecado, y cuanto más duro trata controlarlo, más peca. Están viviendo una vida cristiana derrotada.

5. Gracia—La persona entiende la gracia y cómo trabaja el Espíritu Santo por medio de nuestra fe en Cristo y éste crucificado. Está viviendo la vida abundante que Jesús le prometió a todo creyente (Juan 10:10).

Si el creyente ignora lo que Pablo enseñó en Romanos 6, lo que en realidad está haciendo es rechazar el orden prescrito de la victoria sobre el pecado, que traerá como consecuencias todo tipo de ataduras. Sin un entendimiento claro de Romanos 6, el creyente vivirá una vida cristiana llena del ciclo de pecar y arrepentirse: ¡derrota!

Romanos 6:14 usa la palabra *"dominio"*. La palabra griega para *"dominio"* es *"kurieuo"*, y significa *"ser señor de"* o *"ejercer señorío sobre"*. Antes de nuestra salvación, el pecado era nuestro Señor. Era nuestro amo, nos inclinábamos ante él, dominaba nuestras vidas. Pero una vez que llegamos a Cristo, pasamos de vivir bajo la ley a vivir bajo la gracia. En el momento de la salvación, por medio de Su Espíritu Santo, el Señor destronó a nuestro antiguo amo, la naturaleza de pecado, y puso a Cristo en el trono de nuestras vidas.

Romanos 6:7 dice: *"Porque el que ha muerto, ha sido justificado del pecado [la naturaleza de pecado]".* Otra traducción lo expresa así: *"Pues, cuando morimos con Cristo, fuimos liberados del poder del pecado"* (NTV). ¡Todo creyente ha de memorizar este versículo!

La naturaleza de pecado no muere en el momento de nuestra salvación, sino que hemos de morir diariamente a ella. Este es un acto de la voluntad y un acto de fe por parte del creyente. ¡Los cristianos hemos de estar muertos al pecado! La muerte física separa el alma de una persona de su cuerpo. La muerte espiritual separa a la persona de Dios. Cuando un creyente llega a Cristo, muere (está separado de) a su naturaleza de pecado. Dios usa su escalpelo divino para cortar la unión del creyente con su naturaleza de pecado. El Espíritu Santo circuncida [corta] la naturaleza de pecado para que ya no controle nuestras vidas, y pone la naturaleza divina en el trono de nuestro corazón (Colosenses 2:11-15).

Cuando somos salvos, no vivimos una vida sin pecado ni tampoco una vida de perfección moral. Esto es evidencia de que la naturaleza de pecado no desaparece de los creyentes. La Biblia deja esto claro en I Juan 1:8: *"Si decimos que no tenemos pecado, nos engañamos a nosotros mismos, y la verdad no está en nosotros".*

Pero en el momento de la salvación, Dios destrona la naturaleza de pecado como señor de nuestra vida. ¿Cómo lo hace? Por medio de nuestra fe en Jesucristo y lo que éste hizo en la cruz, Dios nos identifica con la muerte, sepultura y resurrección de Cristo. Y después de eso cambiará nuestra forma de andar y nuestra forma de hablar. Nuestros deseos comienzan a cambiar. Nuestras metas cambian. Cambia también nuestra forma de entender el mundo. Dios cambiará nuestras prioridades, y una de nuestras principales prioridades nuevas será nuestro amor por el destino eterno de otros. Todos estos son efectos de la naturaleza divina, que ha sido colocada en nuestro corazón y nuestra vida.

LA DOBLE CURA DE LA CRUZ

En Romanos 6:3 leemos: *"¿O no sabéis que todos los que hemos sido bautizados en Cristo Jesús, hemos sido bautizados en su muerte?"*. Este versículo no se refiere al bautismo en agua (como enseñan algunos), sino que trata sobre la inmersión espiritual que tiene lugar en el momento en que llegamos a la fe en Jesucristo. Cuando depositamos nuestra fe en Cristo, somos identificados con Él en Su muerte en la cruz.

La muerte de nuestro Señor tuvo un impacto doble en el pecado. Murió por nuestros hechos pecaminosos (Romanos 3:21-5:11), y murió por nuestra naturaleza pecaminosa. Su muerte separa al creyente de la naturaleza de pecado.

EN PALABRAS DE LA CANCIÓN "ROCK OF AGES":

"Que el agua y la sangre,
que fluyen de tu costado herido,
sean del pecado la doble cura,
me salven de la ira y me hagan puro."

"me salven de la ira" es lo que llamamos justificación; y *"me hagan puro"* es santificación, la ruptura del poder de la naturaleza de pecado que mora en nosotros. La muerte de nuestro Señor no solo pagó la deuda del pecado humano sino que también rompió el poder de la naturaleza de pecado en nuestras vidas. ¡Esa es la doble cura! ¿Dónde sucedió? ¡En la cruz!

La palabra griega para *"bautizados"* es *"baptizo"*, que significa *"sumergir"*. Es *"introducir o colocar a una persona o cosa en un ambiente nuevo, o unirla con algo más para alterar su condición o relación con su previo ambiente o condición"*.[2]

El creyente pecador, por medio de una fe apropiada en Cristo y éste crucificado, es bautizado en la muerte, entierro y resurrección de Jesucristo (Romanos 6:2-4). El creyente pecador, por medio de un acto de Dios, entra en una unión vital con Jesucristo, con lo que su naturaleza de pecado se separa de su ser interno, y éste es identificado totalmente con Cristo. Se le coloca en una existencia nueva, libre de una vida de pecado, a una vida que agrada a Dios.

Todo esto se lleva a cabo por medio del arrepentimiento y de simple fe en Cristo. No somos salvos por lo que hacemos sino por lo que creemos. En Romanos 6, al explicar cómo somos salvos, Pablo usa el término *"conocer"* seis veces entre Romanos 6:1 y Romanos 7:1. Para recordarlo, circule en su Biblia las palabras *"conocer"* o *"conociendo"*.

¿QUÉ SABE USTED?

La Biblia enfatiza la palabra *"conociendo"* porque toda la fe cristiana opera por medio de la fe en lo que Jesús hizo en el Calvario. Romanos 6:6 dice que sabemos esto: *"...que nuestro viejo hombre fue crucificado juntamente con él, para que el cuerpo del pecado sea destruido, a fin de que no sirvamos más al pecado"*.

"El hombre viejo" de este versículo es la persona que éramos antes de ser salvos. Esta palabra *"viejo"* en el original griego significa *"gastarse, convertirse en algo inútil, listo para la basura, ser descartado"*. Es una descripción muy gráfica, pero eso es lo que éramos antes de hacernos cristianos. Una persona no salva es depravada, no ha sido regenerada, carece de la vida de Dios.

La expresión *"cuerpo de pecado"* se refiere al cuerpo físico siendo poseído, controlado o dominado por la naturaleza de pecado. La palabra *"destruido"* en griego es *"katargeo"*, y significa *"hacer inactivo, inoperante, nulo o inefectivo"*. No se refiere a una aniquilación, como enseñan algunos. Aunque la naturaleza de pecado no se elimina con nuestra conversión, resulta inefectiva.

Todo esto fue posible debido a lo que Cristo hizo en la cruz. Cuando el Señor salva, desactiva el poder de la naturaleza de pecado sobre el individuo, toma la naturaleza de pecado y la hace inútil, inefectiva o inactiva. Pero el Señor no se lleva el libre albedrío del cristiano, ni lo trata como si fuera una máquina. Así que es posible que por su propia voluntad el creyente vuelva a conectar con la naturaleza de pecado, volviendo a traer éste a su vida.

AHORA QUE SOY SALVO

Sabemos que nuestro hombre viejo (es decir, nuestro hombre gastado y pecaminoso) murió con Cristo en la cruz (por fe), y que la nueva naturaleza (la naturaleza divina) fue implantada en nuestros corazones por medio de la resurrección de Cristo. Romanos 6:4 dice: *"Porque somos sepultados juntamente con él para muerte por el bautismo, a fin de que como Cristo resucitó de los muertos por la gloria del Padre, así también nosotros andemos en vida nueva".* Ya que la resurrección de Jesús nos ha dado una nueva vida, debemos caminar en esa vida nueva como creyentes en Cristo.

Si el nuevo creyente no entiende este cambio interior ni se ajusta a él de forma apropiada, llevará una vida cristiana mediocre. La maquinaria interior espiritual instalada por el Espíritu Santo en el momento de la salvación ha de ser comprobada y reparada con regularidad. Hay dos cosas que el creyente ha de hacer para esperar los resultados más óptimos en este nuevo mundo llamado vida cristiana.

La primera cosa es considerarnos muertos a la naturaleza de pecado. Romanos 6:11 dice: *"Así también vosotros consideraos muertos al pecado, pero vivos para Dios en Cristo Jesús, Señor nuestro".*

La palabra *"consideraos"* es un término de contabilidad. La palabra griega es *"logizomai"*, que significa *"contar, calcular, tener en cuenta"*. El creyente, por fe, debe calcular en su mente todos los días, todo el tiempo, el hecho bíblico de que está muerto a la naturaleza de pecado. Ésta ya no tiene control sobre él debido a lo que Cristo hizo en la cruz. El creyente está ahora vivo para Dios por medio de Jesucristo. En la cruz, Jesús quebró el yugo de la naturaleza de pecado para cada creyente, y Dios le dio la naturaleza divina por medio de la persona del Espíritu Santo.

El creyente que ha depositado su fe en Cristo, y se ha *"considerado"* muerto al pecado ya no debería luchar con cosas con la luchó antes de llegar a Cristo. Cuando usted como creyente está luchando con el pecado, métase de lleno en la Palabra y comience a ejercitar su fe y a creer en la obra terminada de la cruz. Satanás y sus poderes no pueden estar a la altura de la sangre de Cristo. Ésta le vuelve loco porque no puede competir con ella. ¡Es demasiado poderosa!

En segundo lugar, el creyente tiene que rendirse a la obra del Espíritu Santo. Dios no va a anular su voluntad. Así que ha de haber un rendir diario, una sumisión al obrar del Espíritu Santo. Romanos 6:13 dice: *"ni tampoco presentéis vuestros miembros al pecado como instrumentos de iniquidad, sino presentaos vosotros mismos a Dios como vivos de entre los muertos, y vuestros miembros a Dios como instrumentos de justicia".* El creyente aún tiene que "rendirle" su voluntad a Dios diariamente para poder cosechar los beneficios de la cruz.

¿A qué se refiere la Biblia cuando dice *"rendid vuestros miembros"?* Nuestros miembros son nuestro cuerpo, nuestros sentidos del tacto, olfato, vista, oído y gusto. Pablo nos está diciendo que le rindamos esos miembros a Dios. La palabra griega para *"rendir"* es *"paristemi"*, y significa *"presentar, entregar, traer ante, etc."*

Cuando el creyente le rinde sus miembros al Espíritu Santo, lo que está haciendo en esencia es venir ante Dios en vez de apoyarse en su propia habilidad para resistir el pecado. Está aprendiendo a apoyarse en la ayuda del Espíritu Santo para vivir la vida cristiana pro medio de Él. Esto es lo que significa depender totalmente de Dios y no de uno mismo. Jesús lo dijo claramente en Juan 15:5: *"Yo soy la vid, vosotros los pámpanos; el que permanece en mí, y yo en él, éste lleva mucho fruto; porque separados de mí nada podéis hacer".*

Jesús está diciendo que Él es la vid para la rama. Es nuestro salvavidas. Para poder obtener la energía vital o espiritual para vivir la vida cristiana tenemos que permanecer en Él. Permanecer en Cristo es la clave de todo. La palabra *"permanecer"* en griego es *"meno"*, que significa *"quedarse en un lugar, estado o relación determinados"*. Significa continuar o quedarse en la misma relación con Cristo en la que estábamos en el momento de la salvación.

Piénselo un instante; ¿dónde estaba el Espíritu Santo cinco segundos antes de que usted fuera salvo? ¿Estaba dentro o fuera de usted? Estaba fuera, convenciéndolo de su pecado. ¿Qué hizo que el Espíritu Santo realizara el mayor milagro conocido, la regeneración espiritual? Fue fe en lo que Cristo hizo en la cruz por usted.

Cuando una persona es salva se humilla y reconoce que es pecadora y necesita un Salvador. Se arrepiente (se da la vuelta) de sus pecados. Esto es un cambio de mentalidad con respecto a la vida pecaminosa, y se vuelve a Dios. Deposita su fe en Cristo y éste crucificado, y Dios responde enviando el Espíritu Santo a la vida de este individuo. Lleva a cabo entonces el mayor milagro conocido, el milagro del nuevo nacimiento.

En el momento de la salvación usted aprendió lo que mueve el Espíritu Santo. Fe en Cristo y éste crucificado es lo único que le da la victoria. ¡Ahora quédese ahí! No se aleje de esa simple verdad del evangelio.

EL CREYENTE CAMBIA DE AMO

Romanos 6:16 dice: *"¿No sabéis que si os sometéis a alguien como esclavos para obedecerle, sois esclavos de aquel a quien obedecéis, sea del pecado para muerte, o sea de la obediencia para justicia?"*. El cristiano cambia de amo. Antes de Cristo éramos siervos del pecado y del diablo. Jesús dijo: *"Vosotros sois de vuestro padre el diablo"* (Juan 8:44). Ahora somos siervos del Señor. Cambiamos de amo porque nos son dadas nuevas naturalezas que quieren servir a Dios y huir del mal. El verdadero creyente odia el pecado y trata de mantenerlo fuera de su vida.

La palabra *"siervos"* en griego es *"doulos"*, que significa *"esclavo de otro"*. También significa *"alguien que sirve a otro, despreciando sus propios intereses"*. Antes de ser salvos vivíamos para el pecado, y estábamos sirviendo al diablo, despreciando a Dios o nuestros propios intereses. Éramos pecadores, y experimentábamos muerte (separación de Dios), pesar y sufrimiento.

Pero ahora el creyente, por voluntad propia, sirve al Señor Jesús con un abandono que dice: *"Lo mío ya no importa, sino solo que el Señor Jesús sea glorificado."*[3]

La gracia de Dios es gratis, y por eso se llama gracia; y Él nos da su gracia a los pecadores. Por eso se llama *"Sublime gracia"*.

Capítulo cuatro

¿Cómo se salva el pecador?

La Biblia define el pecado como saber hacer lo bueno y no hacerlo (Santiago 4:17). Cuando una persona se rebela contra la ley de Dios, se convierte en transgresora de la ley y, por tanto, a los ojos de Dios es pecadora.

Hay una paga por el pecado humano, y esa paga es condenación eterna. Hay un dicho conocido: *"Uno obtiene lo que se merece"*. Si una persona lleva una vida de pecado, que es rebeldía contra Dios y Sus leyes, entonces, en el Día del Juicio, esa persona obtendrá lo que se merece: muerte eterna en un lugar llamado infierno.

Apocalipsis 20:12-13 dice: *"Y vi a los muertos, grandes y pequeños, de pie ante Dios; y los libros fueron abiertos, y otro libro fue abierto, el cual es el libro de la vida; y fueron juzgados los muertos por las cosas que estaban escritas en los libros, según sus obras. Y el mar entregó los muertos que había en él; y la muerte y el Hades entregaron los muertos que había en ellos; y fueron juzgados cada uno según sus obras"*.

Todos sabemos lo que es la primera muerte, cuando una persona respira por última vez y pasa a la eternidad. Sin embargo, no se oye mucho sobre la segunda muerte. Ésta ocurre cuando una persona pasa por el juicio del gran trono blanco, que es Dios Todopoderoso juzgando al mundo por sus pecados (Apocalipsis 20:11-15).

¿QUÉ ES EL LAGO DE FUEGO?

El lago de fuego es el lugar donde pasará la eternidad el pecador que se ha rebelado contra Dios. Al estudiar el infierno, basta con considerar las palabras de Jesucristo, porque Jesús habló más sobre el infierno que ningún otro autor de la Biblia. ¿Por qué? Por que Jesús vino a la tierra para abrirnos un camino que nos evite ir a parar al infierno.

Al hablar sobre el infierno, Jesús nos dejó las siguientes verdades sobre este horrible lugar:

• Es un lugar de tormento (Lucas 16:23).

• En el infierno estamos conscientes, y recordamos a la familia y a los amigos (Lucas 16:23-31).

• No hay agua (Lucas 16:24).

• Hay llamas de fuego ardiendo perpetuamente (Lucas 16:24, Marcos 9:47-48).

• Quien está en el infierno desea escapar de allí, pero no puede (Lucas 16:26).

• Quien está allí desearía haberse arrepentido mientras aún estaba en la tierra, pero ahora es demasiado tarde (Lucas 16:30). Se vive en un estado de arrepentimiento y miseria eternas por haber rechazado a Cristo como Salvador.

• Hay crujir de dientes (Mateo 13:50), al igual que gran temor y remordimiento.

• En el infierno hay lloro, llanto y crujir de dientes (Mateo 8:12, 13:42).

• En el infierno hay tinieblas (Mateo 8:12).

• El infierno es un castigo eterno (Mateo 25:46).

Dios no creó el infierno para la gente, sino para Satanás y todos los demonios. Jesús dijo: *"Entonces dirá también a los de la izquierda: Apartaos de mí, malditos, al fuego eterno preparado para el diablo y sus ángeles"* (Mateo 26:41). El infierno fue preparado por Dios para el diablo y todos los ángeles caídos que se unieron a la rebelión de Lucifer. La Biblia nos enseña que Lucifer era un ángel muy hermoso creado por Dios, que se enamoró de su propia belleza (orgullo) y quería ser exaltado por encima de Dios. Lideró una rebelión en el cielo contra Dios, y un tercio de los ángeles se unió a él. Todos cayeron del cielo y se convirtieron en lo que hoy conocemos como *"demonios"* o, en esencia *"ángeles caídos"* (Ezequiel 28:14-19, Lucas 10:18).

La Biblia es clara: Dios no quiere que nadie pase la eternidad en el infierno. Examinemos las palabras de II Pedro 3:9: *"El Señor no retarda su promesa, según algunos la tienen por tardanza, sino que es paciente para con nosotros, no queriendo que ninguno perezca, sino que todos procedan al arrepentimiento".*

Las palabras clave del versículo anterior son *"ninguno"* y *"todos".* Dios no quiere que *"ninguna"* parte de su creación pase la eternidad en el infierno. Quiere que *"todos"* se salven. Por eso envió a Su único Hijo a morir en la cruz para que el mundo pudiera ser salvo. Porque de tal manera amó Dios al mundo que dio a su Hijo unigénito para morir por todos los pecadores (Juan 3:16), pero hay hombres y mujeres que se envían a sí mismos al infierno por rechazar la única solución de Dios al pecado, Jesucristo y éste crucificado (I Corintios1:18).

Considere usted las consecuencias de vivir esta vida de pecado: pasar la eternidad en un lugar de fuego, llorando, con una sed insaciable y lleno de soledad. Compare eso con las recompenses de vivir esta vida para Dios: vivir eternamente en paz, con salud, gozo y extrema belleza en un lugar que Dios llama paraíso. La opción podría parecer obvia, pero el diablo está teniendo mucho éxito a la hora de volver el corazón humano contra Dios y Sus caminos.

SUBLIME GRACIA

Si existe una canción cristiana por excelencia, supongo que sería "Sublime gracia". Sus palabras son profundas y han sido cantadas por millones y millones de personas.

"Sublime gracia del Señor que a mí, pecador salvó, fui ciego mas hoy veo yo, perdido y Él me halló."

La palabra *"gracia"* significa *"favor inmerecido"*. Las religiones humanas nos dicen que tenemos que ganarnos el favor de Dios, pero la Biblia enseña que la gracia no se puede ganar, sino solo recibir como regalo. Creo que la idea de ganarnos nuestro propio camino al cielo ha enviado a más gente al infierno que ninguna otra cosa. Todo el tiempo la Biblia nos ha estado enseñando que el favor de Dios no se puede ganar, sino que solo podemos ser salvos por medio de la sublime gracia de Dios.

El gran apóstol Pablo, que escribió casi un tercio del Nuevo Testamento, y que indiscutiblemente fue el hombre de Dios más ungido y usado en la Biblia, confesó esto sobre sí mismo: *"Y yo sé que en mí, esto es, en mi carne, no mora el bien; porque el querer el bien está en mí, pero no el hacerlo"* (Romanos 7:18).

Ahora detengámonos un momento y pensemos. Si el apóstol Pablo creía que aparte de Dios no había nada bueno en él, y que no podía llevar una vida recta sin el poder del Espíritu Santo, ¿cómo entonces han llegado tantos a creer que simplemente *"siendo una buena persona"* pueden llegar al cielo? Esa es una mentira del diablo, que se han creído millones de personas.

Lo único que nos hace justos (buenos) es depositar nuestra fe en Jesucristo y en lo que éste hizo por nosotros en la cruz, e invitarlo a venir a nuestra vida para salvarnos. Cuando el Espíritu (el Espíritu de Cristo) llega al corazón de una persona, Dios puede declarar justa a esa persona porque ve en ella a Su hijo perfecto. Esto elimina toda presunción por parte de la persona. La Biblia dice en Efesios 2:8-9:

"Porque por gracia sois salvos por medio de la fe; y esto no de vosotros, pues es don de Dios; no por obras para que nadie se gloríe".

Ocurre con frecuencia que cuando alguien viene a Jesús y experimenta el nuevo nacimiento (Juan 3:3), comienza a trasladar su fe de nuevo a sí misma y trata de ser una buena persona por sus propios esfuerzos. Seguramente seguirá la derrota, ya que no está viviendo para Dios de la forma adecuada. La Biblia enseña claramente que de la misma forma en que llegamos a Cristo (fe y arrepentimiento) hemos de vivir cada día en una relación con Cristo. *"Por tanto, de la manera que habéis recibido al Señor Jesucristo, andad en él"* (Colosenses 2:6).

Muchos creyentes creen que pueden vivir la vida cristiana guardando diligentemente algunas de las disciplinas cristianas, pero esto lleva a un fracaso seguro. Tenemos que caminar continuamente ante Dios con un corazón arrepentido, dependiente de la victoria de la cruz y del poder del Espíritu Santo para poder vivir una vida victoriosa libre de pecado y de las ataduras de pecado.

Fe diaria y arrepentimiento diario han de estar presentes en la vida del cristiano para poder vivir en victoria. Sin fe, el arrepentimiento se convierte solo en desesperanza; y sin arrepentimiento, la fe es solo presunción (Swaggart). El uno sin el otro resultará en una *"falsa conversión."* Pero cuando ambos están juntos, encontramos redención en Cristo. Hechos 20:21 dice:

"testificando a judíos y a gentiles acerca del arrepentimiento para con Dios, y de la fe en nuestro Señor Jesucristo".

Arrepentimiento

El arrepentimiento es uno de los mayores regalos que Dios le ha dado a la humanidad; es el escape del juicio.

En el original griego, la palabra *"arrepentimiento"* es *"metanoeo",* y significa *"lamentar los pecados propios y tener un cambio verdadero de corazón hacia Dios".* El pecador que se arrepiente quiere cambiar el curso de su vida, y entiende que solo Dios puede hacerlo.

Hay gente que lleva una vida muy estricta moralmente de cara al exterior. Sin embargo, dentro del corazón son malvadas y están llenas de lujuria, avaricia, celos, envidia,

43

odios, rebelión, etc. Una persona así puede engañar a otros, pero no a Dios. Todos hemos ofendido a un Dios santo y justo. El arrepentimiento es reconocer esa ofensa y desear alejarse de ella.

Quien se arrepiente de verdad experimentará la convicción (culpa) de pecado y el pesar que le ha causado a Dios. Cuando el rey David cometió adulterio con Betsabé, confesó lleno de remordimiento: *"Contra ti, contra ti solo he pecado, y he hecho lo malo delante de tus ojos"* (Salmo 51:4).

El arrepentimiento verdadero tiene lugar cuando usted reconoce que ha pecado contra Dios, que lo que ha hecho está mal, y que siente remordimientos en el corazón por desobedecer a Dios. Cuando usted pasa por eso, entonces desea pasar de esa desobediencia egoísta contra Dios a una vida de obediencia a Él. Eso solo puede suceder cuando el Espíritu Santo está moviéndose en el corazón y la vida de una persona.

CREED EN EL EVANGELIO

En Marcos 1:15, Jesús dijo: "creed en el evangelio". *"Creer"* y *"fe"* son palabras intercambiables cuando se usan en la Biblia. La palabra griega *"creer"* es *"pisteuo"*, y significa *"persuasión mental y opinión, confianza en"*.

La palabra *"fe"* significa *"creer en o confiar totalmente en"*. La palabra griega para fe es *"pistis"*, que significa *"persuadir"*, produciendo obras buenas. La fe es la segunda condición impuesta por Jesús para la salvación.

Lo que salvará a una persona no es fe en la fe; sino que la clave es el objeto de la fe. Si usted está confiando en sus buenas obras para salvarse, o si su fe está en que Dios es un buen Dios y le permitirá "colarse" cuando esté ante Él en el juicio, entonces usted se encuentra en un grave aprieto. Si para ser salvo usted está confiando en su sacerdote, pastor, denominación o algún acto religioso como la comunión o el bautismo en agua, entonces su fe está en el lugar equivocado, y usted será juzgado por sus pecados.

El objeto adecuado de la fe es Jesucristo y éste crucificado. Jesús es el Hijo de Dios, Emanuel, Dios encarnado. Lo que Jesús hizo en la cruz para pagar la pena por nuestros pecados (Gálatas 2:20-21) es el objeto adecuado de la fe. La Biblia llama *"Evangelio"* al plan de salvación de Dios, y para ser salvos tenemos que creerlo.

"Además os declaro, hermanos, el evangelio que os he predicado, el cual también recibisteis, en el cual también perseveráis; por el cual asimismo, si retenéis la palabra que os he predicado, sois salvos, si no creísteis en vano. Porque primeramente os he enseñado lo que asimismo recibí: Que Cristo murió por nuestros pecados, conforme a las Escrituras; y que fue sepultado, y que resucitó al tercer día, conforme a las Escrituras" (I Corintios15:1-4).

La palabra *"Evangelio"* en griego es *"euaggellon"*, que significa *"buenas nuevas"*. El evangelio recopila los hechos básicos de la muerte, sepultura y resurrección de Jesucristo, y la interpretación de estos hechos. Las buenas nuevas del reino de Dios es que hay salvación por medio de Jesucristo.

Creer en el evangelio significa que usted está totalmente seguro de la muerte, sepultura y resurrección de Jesucristo como medio para obtener salvación. No se trata de una mera creencia intelectual sino una confianza completa y de todo corazón en que Cristo murió específicamente por usted para convertirse en su Salvador cuando usted le invite a su corazón.

Usted confía exclusivamente en lo que Cristo hizo por usted en la cruz para salvarlo del castigo y del poder del pecado. Eso es lo que hace que las buenas nuevas sean ¡buenas nuevas! Usted cree que lo que Jesús hizo en la cruz fue personalmente por usted.

El evangelio de Cristo nos revela que Jesús es la fuente de salvación, y la cruz es el medio de la salvación. Lo único que puede librar al pecador del juicio eterno es la sangre derramada de Jesús. Dios Padre no aceptó ninguna otra cosa más que el perfecto sacrificio de la muerte de Su Hijo en la cruz. El apóstol Pablo sabía que el verdadero objeto de su fe era Jesucristo (quién es) y éste crucificado (qué hizo). La Biblia no enseña que podamos llegar al cielo siendo buenas personas o haciendo buenas obras. Si pudiéramos llegar al cielo por ser buenos, ¿por qué habría enviado Dios a Su Hijo a sufrir y a morir?

La Biblia enseña claramente que la salvación es por fe (creencia) en el Hijo de Dios, que le ama y murió por usted. Gálatas 2:20 dice:

"Con Cristo estoy juntamente crucificado, y ya no vivo yo, mas vive Cristo en mí; y lo que ahora vivo en la carne, lo vivo en la fe del Hijo de Dios, el cual me amó y se entregó a sí mismo por mí".

Cuando usted se hace cristiano, hay un cambio en su vida. El versículo anterior dice *"lo que ahora vivo"*. Antes de poner su fe en Cristo, usted estaba viviendo una vida sin Cristo. Pero cuando usted pone su fe en el Hijo de Dios y lo que éste hizo en la cruz, entonces Cristo entra y vive en usted. Este es el milagro del nuevo nacimiento (Juan 3:3).

NOMBRES DE LA BIBLIA

Dios podría haberle dado a Su Hijo cualquier nombre que hubiera deseado, pero eligió llamar *"Jesucristo"* a la segunda persona de la Trinidad. El nombre *"Jesucristo"* es una visión profética de quién es Jesús y cuál fue Su misión. El nombre *"Jesús"* significa *"Salvador"*, que tiene que ver con su misión (lo que vino a hacer). Tiene que ver con la cruz y con su muerte en esa cruz por los pecados del mundo. Cuando uno piensa en Jesús, debería pensar en la cruz. Cuando uno piensa en la cruz, debería pensar en Jesús. Nunca deberíamos separar a Jesús de la cruz. Aunque Jesús fue un gran profeta, maestro, sanador y más cosas, Su principal misión fue ser el Salvador y morir en la cruz por los pecados del mundo.

El nombre *"Cristo"* significa *"Mesías"* o *"Ungido"*. Esto se refiere a quién es Jesús. Era y es el Mesías, enviado por Dios para salvar a Su pueblo de sus pecados.

El cristianismo tiene que ver en su totalidad con Jesucristo, quién es, y qué hizo. Cuando alguien cree por fe que Cristo es el Mesías y Salvador, y se arrepiente (se da la vuelta) del pecado, entregándole la vida a Jesús, entonces, y solo entonces puede nacer de nuevo y ser salvo de un infierno eterno. Esa es la decisión más importante que tendrá que hacer en toda su vida.

JUSTIFICACIÓN POR FE

La palabra *"justificación"* es un término legal, y la palabra griega para él es *"dikaloo"*, que significa *"hacer justo,"* o declarar a alguien no culpable. Algunos han explicado la justificación con el significado de *"justo como si nunca hubiera pecado"*. A los ojos de Dios, cuando usted se arrepiente de sus pecados, pone su confianza en Cristo y lo que Cristo hizo en la cruz por usted, y lo recibe en su corazón y en su vida, Dios ya no ve su corazón pecaminoso sino la Justicia de su Santo Hijo que habita allí. Por esa razón hay pasajes del Nuevo Testamento que usan una y otra vez la expresión *"en Cristo"* cuando se refiere al creyente. No dicen que Jesús está en nosotros sino que nosotros estamos en Cristo.

El creyente tiene que entender la frase *"el justo por la fe vivirá"*. Este frase, de Romanos 1:17, presenta la verdad de que la fe en Cristo y lo que éste hizo en la cruz es lo que nos justifica (declara al creyente *"no culpable"*). En Romanos 5:1, el apóstol Pablo dice: *"Justificados, pues, por la fe, tenemos paz para con Dios por medio de nuestro Señor Jesucristo"*.

La Biblia no enseña que seamos salvos por nuestras propias obras sino por la obra de Cristo en la cruz. Esa obra terminada no pude ser mejorada sino solo aceptada. El hombre pecaminoso no se salva por lo que hace o no hace, sino por lo que cree. Juan 3:16 enseña *"todo aquel que en Él cree, no se pierda, mas tenga vida eterna"*.

Todas las religiones mayoritarias del mundo le enseñan a la gente cómo vivir dentro de un conjunto de reglas y normas. A los seguidores de estas se les enseña que si se someten a esas reglas y normas pueden ganarse el camino al cielo. Todas las religiones excepto el cristianismo enseñan la justificación por medio de obras.

Estas otras religiones son caminos falsos al cielo, y no hay duda de que han llevado a millones y millones de personas a una muerte-separación eterna de Dios para la eternidad. La Biblia enseña que todos los intentos humanos de producir hechos justos son como trapos sucios a los ojos de un Dios perfecto y justo (Isaías 64:6).

Dios, el creador del hombre, nos dice lo que hace falta para ser salvos. No hay nada que podamos hacer en nuestras propias fuerzas o por propia voluntad que nos haga aceptables ante Dios. Recuerde lo que dijo Pablo en Romanos 7:18: *"Y yo sé que en mí, esto es, en mi carne, no mora el bien"*. Todo lo bueno (a los ojos de Dios) que hay en mí es la bondad del Espíritu. Jesús dijo en Juan 15:5: *"separados de mí nada podéis hacer"*. ¿Cuándo entenderá la humanidad la importante verdad de que necesitamos a Dios desesperadamente?

Todo hombre y toda mujer nacidos después de Adán (excepto Cristo) han nacido siendo pecadores y con necesidad de un Salvador. Todos resultamos culpables de todos los cargos. Romanos 3:23 dice: *"por cuanto todos pecaron, y están destituidos de la gloria de Dios"*.

Dios envió a Su Hijo Unigénito a la tierra para sustituirnos en la cruz. Jesús tomó nuestro castigo por el pecado. Fue colgado en la cruz y sufrió el juicio por nuestra rebelión contra Dios. Solo la sangre de Jesús nos puede purificar y limpiar. El apóstol Pablo, uno de los hombres más usados por Dios, se llamaba a sí mismo el mayor de todos los pecadores y el menor de todos los santos. Así es como debemos considerarnos a nosotros mismos.

El único requisito para recibir el perdón de Dios es tener un corazón que lamente los pecados cometidos, que abandone la vida de pecado, y crea y confíe en lo que Jesús hizo en la cruz. Las Escrituras dicen que somos justificados gratuitamente por la gracia de Dios por medio de la redención de lo que Jesús hizo en la cruz (Romanos 3:24).

El primer lugar de la Biblia en que aprendemos sobre la *"justificación por fe"* tiene que ver con un hombre del Antiguo Testamento llamado Abraham. La Biblia dice que "Creyó Abraham a Dios, y le fue contado por justicia" (Romanos 4:3). Abraham no se ganó el favor de Dios, porque era un hombre injusto, sino que lo recibió por gracia (favor inmerecido o no ganado) por medio de la fe. Jesús, hablando de Abraham, dijo *"Abraham vuestro padre se gozó de que había de ver mi día; y lo vio, y se gozó".* (Juan 8:56). Dése cuenta de que hoy miramos hacia atrás, a la cruz, y creemos, pero los santos del Antiguo Testamento miraban a la cruz hacia adelante y creían.

LA OPERACIÓN ESPÍRITUAL DE DIOS

Cuando alguien tiene un órgano enfermo en el cuerpo, los cirujanos lo quitan para curar a esa persona. La Biblia nos enseña que cuando ponemos nuestra fe en Jesucristo y éste crucificado, Dios realiza en nosotros una operación espiritual.

La Biblia dice en Colosenses 2:11: *"En él también fuisteis circuncidados con circuncisión no hecha a mano, al echar de vosotros el cuerpo pecaminoso carnal, en la circuncisión de Cristo".*

La Palabra *"circuncisión"* significa *"cortar".* La Biblia dice que cuando nacemos de nuevo, Dios circuncida espiritualmente nuestra carne; Dios por medio de Su Espíritu, corta la carne (la naturaleza de pecado). Sin embargo, a diferencia del equipo médico, no elimina la naturaleza de pecado de nosotros, sino que simplemente corta su control sobre nosotros, pero si el nuevo creyente no sabe cómo caminar con Dios en el Espíritu (Gálatas 5:16), entonces la naturaleza de pecado puede volver a "pegarse" a esa persona.

En el momento de la salvación, Dios no solo corta la carne (la naturaleza de pecado), sino que también deposita algo en el nuevo creyente. Pone su *"naturaleza divina"* en el pecador que se arrepiente. La Biblia dice in II Pedro 1:4: *"por medio de las cuales nos ha dado preciosas y grandísimas promesas, para que por ellas llegaseis a ser participantes de la naturaleza divina, habiendo huido de la corrupción que hay en el mundo a causa de la concupiscencia".*

En el momento en que una persona recibe la *"naturaleza divina"* (que es el Espíritu Santo que ahora mora en el corazón y en la vida del creyente's), todos estos milagros se dan simultáneamente como resultado del nuevo nacimiento.

- Dios bautiza (sumerge) al individuo o coloca al nuevo creyente en el cuerpo de Cristo (I Corintios 12:13). Ahora la persona se identifica con Cristo y pertenece a la familia de Dios. Ha sido adoptada en una familia mayor que se encuentra en todo el mundo y alcanza muchas generaciones.

- Justifica a la persona, lo que significa que la declara no culpable (Romanos 5:1).

- Santifica a la persona, lo que significa que la hace santa y apartada para Dios (Romanos 15:16).

- Glorifica a la persona al poner su futuro en el cielo, y al asegurarle un cuerpo nuevo y glorificado que vivirá para siempre (Romanos 8:30).

El Señor hace mucho más que eso en el momento de la salvación, pero esas son las cuatro cosas principales. Lo hace por medio de Su Espíritu. Esta operación espiritual por medio del Espíritu Santo deja a una persona totalmente cambiada. Eso es un milagro, y Jesús lo llama *"nacer de nuevo"* (Juan 3:3).

Uno de los aspectos más importantes de la operación quirúrgica del Espíritu Santo's llamada el nuevo nacimiento es la *"santificación"*. Esto significa *"ser hecho santo"*. Si los creyentes no entendemos cómo somos santificados o cómo funciona la santificación continua, entonces nos meteremos en toda clase de problemas y viviremos una vida cristiana derrotada.

SANTIFICACIÓN POR FE

Una vez que la persona es salva, su vida alcanza un mayor significado y propósito. El nuevo creyente en Cristo está ahora en un viaje de acercamiento a Dios. En Santiago 4:8, la Biblia dice:

"Acercaos a Dios, y él se acercará a vosotros".

Al traducir este versículo del griego se ve más claro. Lo que dice es: *"Acercaos más a Dios, y él se acercará más a vosotros".* Esto significa que el creyente en Cristo debería tratar durante toda su vida de conocer mejor a Dios.

La meta de la vida cristiana no es ser feliz y bendecido, eso es simplemente un resultado. La voluntad de Dios para todo creyente en Cristo es que sea santo como Él es santo. Dios nos ordena ser santos (Efesios 1:4, I Pedro 1:15-16). I Tesalonicenses 4:3 dice:

"pues la voluntad de Dios es vuestra santificación".

La palabra *"santificación"* en griego es *"hagiasmos"*, y significa ser santo o apartado para Dios. Esta palabra no solo significa que la actividad del Espíritu Santo sea apartar al hombre para salvación sino también capacitarlo para ser santo, tal y como lo es Dios.

Cuando usted es salvo, el Espíritu Santo lo justifica y prepara para la santificación limpiándolo de su pecado. Pero ahora, el Espíritu Santo está presente en su vida para cambiar su comportamiento y hacerlo santo. La cuestión es: ¿Cómo hace eso el Espíritu Santo?

En primer lugar, usted, el creyente en Cristo tiene que entender que la misma fe que lo salvó es la que lo santifica. Esta es una verdad enorme que ha de ser comprendida por todo cristiano. Tenemos la tendencia de pensar que para ganarnos la santidad hemos de obrar. Pero al igual que la salvación no puede ser ganada o lograda por medios humanos, la santificación también se le otorga al creyente de la misma forma.

Muchas personas de la iglesia a quienes les falta fe en la obra terminada de Cristo en la cruz, creen que cosas como las disciplinas cristianas o la psicología humana les proporcionan las respuestas a sus luchas contra el pecado. La psicología humana, aunque ofrece cierta habilidad para analizar los problemas, no tiene ningún poder para liberar a la persona de las ataduras del pecado. Por tanto, la iglesia no debería nunca buscar medios seculares para sacar a la gente del pecado y de la corrupción, sino que ha de mirar exclusivamente a la cruz.

Quienes dentro de la iglesia están indicándoles a los adictos, afligidos y golpeados que sigan un programa de doce pasos o tomen consejería profesional que use métodos humanos para liberal al hombre, lo que en verdad están haciendo es extraviando a los ciegos. Jesús le llamó a esto "ciegos guías de ciego", y el resultado será exactamente lo que dijo Jesús: *"ambos caerán en el hoyo".* (Mateo 15:14).

Cuando enfatizamos lo que tenemos que *"hacer"* para estar libres de pecado, en vez de simplemente creer en lo que hizo Cristo, no solo estamos yendo en la dirección equivocada, sino que estamos incluso trabajando en contra de la solución. El intelecto humano, la fuerza de voluntad, las buenas obras o alguna técnica nueva de consejería no van a liberar a los pecadores ni romperán las fortalezas del enemigo en las vidas del creyente. Lo único -y repito, lo único- que nos libera es la sangre de Cristo.

La Biblia dice en Efesios 1:7, *"en quien tenemos redención por su sangre, el perdón de pecados según las riquezas de su gracia".* La palabra *"redención"* en el griego es *"apolutrosis",* y significa dejar libre a cambio de un rescate. La sangre de Jesús ha pagado el precio de nuestro rescate por el pecado y la corrupción del pecado. Solo la sangre nos puede liberar. ¡El diablo no va a soltar su amarre a cambio de ninguna otra cosa!

UNA OBRA CONSUMADA

Cuando Jesús estaba en la cruz, sus últimas palabras fueron: *"Consumado es"* (Juan 19:30). La obra de Jesús en el Calvario, el lugar donde estaba la cruz, es una obra terminada, lo que significa que no hay que añadir nada. Así que cuando Cristo dijo: *"Consumado es"*, estaba diciendo que estaba terminada la obra para la libertad del hombre.

Cuando Jesús ascendió al cielo, se sentó a la diestra del Padre. De hecho, todas las veces menos una, cuando vemos a Jesús en el cielo, está sentado a la diestra del Padre. Pero una persona no se sienta si aún tiene trabajo sin terminar. Jesús ya ha terminado la tarea de redimir al hombre del pecado. Lo que a nosotros nos toca es simplemente creerlo personalmente para nuestra propia victoria.

Un día Jesús se va a levantar de su trono y va a juzgar a todo este mundo y a todos los que han rechazado su obra terminada en la cruz. Pero en lo que concierne a la redención del hombre, Jesús ya la ha terminado. Ha hecho todo lo que hay que hacer. Por eso está sentado a la diestra del Padre. ¡Alabado sea Dios!

¿POR QUÉ NO ENCONTRAMOS LIBERTAD?

La Biblia dice: *"Así que, si el Hijo os libertare, seréis verdaderamente libres"* (Juan 8:36). La palabra *"verdaderamente"* en griego es *"ontoos",* que significa *"de verdad, en realidad, hecho claro",* en contraposición a lo que es pretendido, ficticio o falso. Todo lo que se nos presente como una forma de liberación para el hombre, que no sea Cristo ni la cruz es ficticio, falso y una mentira del infierno. Hay solo un camino para ser *"verdaderamente libres"*, ¡el camino de la cruz!

El rey David dijo en el Salmos 119:104: "De tus mandamientos he adquirido inteligencia; Por tanto, he aborrecido todo camino de mentira". David dijo que odiaba la falsedad. Hoy día hay muchas iglesias que han dejado de predicar la Cruz, y están predicando un evangelio egocéntrico. Se oyen muchos sermones sobre cómo podemos tener más éxito y bendiciones y prosperar más, etc., pero no se oyen muchos mensajes sobre la Cruz o cómo tenemos que estar crucificados con Cristo y morir a nosotros mismos. Sin embargo, todos los grandes avivadores predicaron la Cruz y negarse a uno mismo.

A.W. Tozer dijo: *"Si no me equivoco, la cruz del evangelicalismo popular no es la cruz del Nuevo Testamento. Es más bien un adorno nuevo y brillante en el seno de un cristianismo carnal y que confía en sí mismo. La vieja cruz condenaba; la nueva cruz lo estimula... la carne, sonriente y confiada, predica y canta la cruz; se inclina ante la cruz y señala hacia la cruz con un histrionismo cuidadosamente orquestado, pero no morirá en esa cruz, y tercamente se niega a soportar el reproche de la cruz".*[1]

La iglesia debe regresar a la cruz de la Biblia. Permítame repetirlo una vez más para que de verdad recale en nuestra mente y en nuestro corazón: Todo camino que no sea el de la cruz es un camino falso, y cada vez que la iglesia se aleja de la predicación de la cruz, va a caer víctima de una enseñanza falsa. El resultado: gente que no vive una vida cristiana victoriosa. Por eso hoy día hay tantos cristianos que se encuentran atrapados en estilos de vida pecaminosos y enredados en los vicios del mundo. No se dan cuenta de que han sido extraviados, y que por eso no están sintiendo el poder de la cruz.

Tal y como dijo un predicador, *"cada vez que la iglesia abandona la cruz, no queda lejos del becerro de oro."* Moisés subió al Monte Sinaí para recibir los Diez Mandamientos.

Estando allí, como el pueblo vio que tardaba en bajar de la montaña se reunió y le pidió a Aarón (el sacerdote) que les hiciera un ídolo de oro (Éxodo 32).

La línea divisoria entre el camino falso y el verdadero y victorioso es la cruz de Cristo. La verdadera iglesia predicara a Cristo y éste crucificado como doctrina fundamental para todo (I Corintios 2:2, 3:11). Las doctrinas que sean egocéntricas en vez de cristocéntricas y "cruzcéntricas", marcan el camino falso. El camino falso centrará sus enseñanzas en cuestiones como bendiciones, fe, prosperidad, soledad, disciplinas personales, propósito, programas, crecimiento de la iglesia, etc. Sin embargo, la raíz de toda esta enseñanza es el amor a uno mismo. El *"becerro de oro"* de la iglesia de hoy día es el ego, y lo estamos alabando.

La Biblia predice que en los últimos días *"habrá hombres amadores de sí mismos"* (II Timoteo 3:2). Desafortunadamente, en su mayor parte, la iglesia se encuentra aquí hoy. Nos hemos convertido en *"amadores de los deleites más que de Dios"* (II Timoteo 3:4).

NECESITAMOS OTRA REFORMA ESPIRITUAL

La palabra *"reforma"* significa *"corrección o mejora de lo que es corrupto o defectuoso"*. Hemos de orar pidiendo que los predicadores del evangelio regresen a la cruz y prediquen que los hombres tengan que arrepentirse y creer lo que hizo Jesús cuando derramó Su sangre para liberarnos.

El poder del Espíritu Santo para cambiar vidas solo se encuentra en el mensaje de la cruz. I Corintios 1:18 dice: *"Porque la palabra de la cruz es locura a los que se pierden; pero a los que se salvan, esto es, a nosotros, es poder de Dios"*.

Pregúntese usted: ¿Por qué no vemos el poder de Dios actuando en la iglesia como se dio en el libro de Hechos? Creo que es simplemente porque hemos abandonado nuestro *"primer amor"* (véase Apocalipsis 2:4). Tenemos que regresar a la predicación pasada de moda, sincera, llena del Espíritu Santo, que pisotea al diablo, de la sangre de Cristo, ¡que libera a los hombres! Todos los grandes predicadores de antaño tenían como foco de sus mensajes la sangre de Cristo.

El gran avivamiento de la calle Azusa que tuvo lugar en 1906 en unos almacenes viejos de Los Ángeles, en California, fue usado por Dios para alumbrar por todo el mundo un movimiento del Espíritu Santo de Dios. Algunos llamaron a ese avivamiento el mayor de todos los avivamientos desde el día de Pentecostés. El avivamiento de la calle Azusa ha tocado literalmente todo el mundo. A.S. Worrell, traductor del Nuevo Testamento, declara que la obra de Azusa redescubrió la sangre de Cristo para la iglesia en esa época. Se puso un gran énfasis en la *"sangre"* para purificación, etc. Se estableció un nivel muy alto para vivir una vida limpia, y uno solo podía vivirlo por medio de la sangre y del Espíritu Santo.

Si una iglesia no está predicando el mensaje de la cruz, se ha extraviado de lo que enseña y enfatiza el Nuevo Testamento. Si un predicador no está predicando lo que predicaron Jesús o Pablo, entonces simplemente no está predicando el evangelio.

Un creyente cuya fe no esté depositada exclusivamente en Cristo y en lo que Cristo hizo en la cruz está simplemente siguiendo un camino falso. Pablo le dijo a la iglesia de Galacia:

"Estoy maravillado de que tan pronto os hayáis alejado del que os llamó por la gracia de Cristo, para seguir un evangelio diferente. No que haya otro, sino que hay algunos que os perturban y quieren pervertir el evangelio de Cristo" (Gálatas 1:6-7).

La predicación de la iglesia primitiva era Cristo y la cruz. Entienda que cuando decimos *"la cruz"* nos estamos refiriendo asimismo a la resurrección, pues no podemos separarlas.

La Biblia dice: *"Pero el Espíritu dice claramente que en los postreros tiempos algunos apostatarán de la fe, escuchando a espíritus engañadores y a doctrinas de demonios" (I Timoteo 4:1).*

Así que resulta imperativo que todo creyente se convierta en *"cruzcéntrico"*, y recurra solo a la cruz para obtener victoria sobre el pecado. La cruz no es solo para salvación (justificación), sino también para una vida santa (santificación). La cruz es el fundamento de todo lo que usted es y todo lo que usted hace como cristiano.

"y conoceréis la verdad, y la verdad os hará libres".
(Juan 8:32)

Cross-Eyed

Capítulo cinco

¿Por qué llevo una vida cristiana de derrota?

I Corintios 9:24 dice: *"¿No sabéis que los que corren en el estadio, todos a la verdad corren, pero uno solo se lleva el premio? Corred de tal manera que lo obtengáis".* Pablo compara nuestras vidas como cristianos con una carrera, y la Biblia nos desafía a correr la carrera para ganarla, pero hoy día hay muchos cristianos que no están ganando ni viviendo de una manera victoriosa. Están perdiendo la carrera; y algunos se han cansado tanto de la derrota que han dejado la carrera del todo. ¿Por qué?

Pablo hace una confesión valiente pero sincera en Romanos 7:15: *"Porque lo que hago, no lo entiendo; pues no hago lo que quiero, sino lo que aborrezco, eso hago".*

Le desafío a usted a que pruebe el experimento de Romanos 7:15. ¿Le parece a usted que no hace lo que está bien, sino que en vez de eso camina según la carne y hace justo las cosas que odia? Léales Romanos 7:15 a los creyentes de su iglesia o de un estudio bíblico y pídales que examinen sus vidas con sinceridad. La mayoría de los creyentes están viviendo una vida cristiana derrotada, y se encuentra en la misma situación en la que estaba Pablo antes de entender cómo obtener la victoria.

Si esa valiente confesión de derrota hecha por el apóstol Pablo es también cierta en el caso de usted, ¡no tiene por qué quedarse así! Existe una respuesta a su dilema. Usted no tiene por qué vivir más tiempo en derrota.

Jesús dijo: *"...yo he venido para que tengan vida, y para que la tengan en abundancia".* (Juan 10:10). Si es así, ¿por qué no hay más cristianos que viven una vida victoriosa? ¿Por qué cedemos ante la carne, incluso después de haber aceptado el regalo de la salvación? ¿Dónde está esa vida abundante que prometió Jesús? Muchos cristianos se preguntan: *"¿Por qué no estoy experimentando la victoria? Soy creyente; sé que estoy salvo, amo a Dios de todo corazón, pero mis pasiones pecaminosas me siguen controlando. ¿Por qué?"*

La Biblia promete lo siguiente: *"Porque el pecado no se enseñoreará de vosotros; pues no estáis bajo la ley, sino bajo la gracia"* (Romanos 6:14). Esto significa que el creyente no se verá dominado por el pecado. Así que, o bien la Biblia está equivocada, o hay algo que no entendemos bien. Ya sabemos que la Biblia no está equivocada, así que será que ¡hay algo que no entendemos!

Si el creyente encara de forma equivocada el problema del pecado, el resultado será igual para el creyente que para el no creyente. La promesa de que el pecado no dominará sobre usted es condicional. Dése cuenta de lo que declara Romanos 6:14: que no estamos bajo la Ley sino bajo la Gracia.

Si los creyentes, después de encontrar a Cristo como Salvador, intentan llevar vidas justas a base de guardar las reglas y normas (por la ley), no tendrán libertad sobre el pecado, sino que verán que su naturaleza de pecado (que aún vive en ellos) les volverá a dar problemas, robándoles la victoria y otorgándoles de nuevo la derrota. Quienes viven por ley —tratando de guardar los mandamientos de Dios en sus propias fuerzas— se darán cuenta de que su naturaleza de pecado vuelve a reafirmar el dominio sobre sus vidas.

Sin embargo, si usted vive su vida cristiana vida confiando en la gracia de Dios, ¡sabrá lo que es la verdadera libertad! Cuando usted esté luchando, pregúntese: *"¿Estoy viviendo bajo la ley o bajo la gracia?"*.

LEY VERSUS GRACIA

Los cristianos que viven bajo la ley están haciendo lo mismo que hacen las personas no salvas. Están confiando en que sus buenas obras los van a salvar. Incluso si el creyente confía en que Cristo lo va a salvar del infierno, está tratando de llevar una vida santa por medio de sus buenas obras. Tratar de caminar en santidad con Dios contando con nuestras buenas obras no traerá como resultado esa vida abundante que prometió Jesús. Eso sería tratar de vivir una vida santificada por medio de la ley, y ¡eso no puede ser! Esto es lo que se conoce como *"legalismo"*. El legalismo es vivir por ley en vez de vivir por relaciones. Vivir por ley significa que la persona está tratando de producir su propia victoria.

Voy a poner un ejemplo. Un hombre joven que ha sido salvo es tentado en el área de la lujuria. Cede a esa tentación y comienza a ver películas, fotografías y páginas de Internet pornográficas. Pero el Espíritu Santo, que vive en él, le convence de pecado. Ese hombre se da cuenta de que su estilo de vida está entristeciendo al Señor. Se siente hundido en la miseria y trata de dejarlo con todas sus fuerzas pero sigue fallando. El Espíritu Santo habita en él, lo que significa que tiene a su disposición el poder de Dios. Pero no sabe cómo funciona el Espíritu para poder obtener victoria sobre su problema con la lujuria. Trata de dejarlo, pero continúa fallando. ¿Por qué? Porque ese hombre no puede liberarse a sí mismo.

Aunque quizá ese joven aumente su tiempo devocional time en la Palabra, y aumente su tiempo de oración a una o dos horas diarias, pensando que eso le quitará su apetito pecaminoso, seguirá fracasando. Quizá se haga más activo en su iglesia, y puede que le rinda cuentas a otro hombre.

Esas cosas le reportarán ciertos beneficios, y son pasos que todo creyente ha de dar, pero si está confiando en que esas cosas le vayan a liberar, seguirá fracasando en su caminar con Dios.

Este miserable estado de caer y arrepentirse, caer y arrepentirse lleva a algunas personas al punto de una atadura total, y hace que se sientan lejos del Señor. Se cansan de luchar y de sentirse condenadas. Muchos se rinden y dejan de intentarlo, y algunos incluso abandonan a Jesús completamente. Algunos viven en vergüenza y culpabilidad. Otros simplemente se resignan: *"Es así, y ya está,"* sin entender que no tienen por qué vivir así. Jesús nos proporciona una forma mejor.

No se trata de una situación poco frecuente sino de algo rampante en el Cuerpo de Cristo. Hay incontables cristianos que no parecen ser capaces de ganar la victoria sobre el pecado. Las ataduras del pecado quizá sean diferentes —quizá el problema de usted no sea la lujuria sino otra cosa— pero la lucha y el fracaso son los mismos.

¿CUÁL ES LA SOLUCIÓN?

Permítame que le dé buenas noticias. Existe un sendero de victoria para cada creyente, que es tan glorioso que le hará recordar cómo se sintió cuando fue salvo.

En primer lugar hemos de darnos cuenta de que a la hora de vivir para Dios, el fracaso es inevitable si tratamos de derrotar en nuestras propias fuerzas los deseos y comportamientos pecaminosos. Acabaremos pecando si creemos que nuestra victoria sobre el pecado involucra ser más diligente o trabajar más en las disciplinas cristianas. Sí, es cierto que la Biblia dice que nos ocupemos de nuestra salvación *"con temor y temblor"* (Filipenses 2:12), y *"Vosotros veis, pues, que el hombre es justificado por las obras, y no solamente por la fe"* (Santiago 2:24).

Pero tenemos que preguntarnos *"¿Quién produce el deseo y la energía espiritual que necesitamos para realizar las 'obras'?".* Pregúntese: *"¿Podría haber vivido una vida cristiana victoriosa antes de aceptar a Cristo?".* No, ¡por supuesto que no! no sentíamos deseos ni fuerzas para siquiera desear vivir una vida cristocéntrica. Antes de nuestra salvación éramos pecadores, y no lo hacíamos nada mal. Todos podríamos decir que antes de ser salvos éramos *"pecadores profesionales".* ¿Qué nos hace creer que ahora sí podemos vivir la vida cristiana?

Quizá usted diga, y con razón, *"Ahora tengo al Señor en mi vida para que me ayude",* pero ha de entender cuál es la forma en que el Señor le ayuda, o de lo contrario no obtendrá victoria sobre el pecado. Sin un entendimiento apropiado de cómo vivir una vida cristiana victoriosa, usted se sentirá confuso, frustrado y derrotado.

Hoy día, la mayoría de los cristianos están viviendo una vida cristiana derrotada porque están tratando de vivir bajo una mentalidad de ley (Antiguo Testamento). Jesús dijo: *"Venid a mí todos los que estáis trabajados y cargados, y yo os haré descansar. Llevad mi yugo sobre vosotros, y aprended de mí, que soy manso y humilde de corazón; y hallaréis descanso para vuestras almas; porque mi yugo es fácil, y ligera mi carga"* (Mateo 11:28-30). Este pasaje en particular es una de las declaraciones más inspiradoras hechas por Cristo. Nos quita la carga de ser religiosos y de tratar de ganar la aceptación de Dios. Al declarar esto, Jesús nos muestra que nuestros esfuerzos religiosos son innecesarios y un desperdicio de esfuerzo humano.

Jesús está afirmando que quienes realmente se acercan a Él hallarán descanso para sus almas. La palabra *"descanso"* en griego es *"anapausis",* y significa *"hacer una pausa en el trabajo".* Básicamente significa tomarse unas vacaciones permanentes de tratar de granarse el favor de Dios o de tratar de obtener victoria sobre el pecado.

La religión no dice que tenemos que ser buenos para que Dios nos acepte, pero el cristianismo dice: *"Nunca podrás llegar a ser lo suficientemente bueno, por eso necesitas un Salvador."* La religión nos enseña a trabajar más duro y a hacer más para ser aceptado u obtener la victoria. El cristianismo nos enseña que nuestra victoria es en Cristo y en la cruz. La religión nos enseña a *"hacer, hacer, hacer"*, pero el cristianismo dice: *"¡HECHO, HECHO, HECHO!"*

Aquí hay una tabla que le ayudará a ver si usted está viviendo con una mentalidad religiosa (ley) o si usted está descansando en Cristo y viviendo con una mentalidad de gracia.

SISTEMAS RELIGIOSOS—LEY

• Estoy tratando de agradar a Dios haciendo buenas obras: yendo a la iglesia, guardando mi tiempo devocional, orando, etc.

• Estoy tratando muy duro de no pecar.

• Estoy viviendo a base de "haz esto", "no hagas lo otro": no cometas actos inmorales, no mientas, no engañes, etc.

• Estoy tratando de ganarme el favor de Dios siendo una buena persona.

• Estoy viviendo mi vida cristiana tratando de guardar la ley (p.e., los Diez Mandamientos).

Vida cristiana—Gracia

• Estoy considerando la cruz como el medio del favor de Dios para mi vida.

• Estoy confiando en la sangre de Cristo para que me justifique y santifique.

• Estoy viviendo diariamente por fe en Cristo y éste crucificado, y esto me mantiene en una relación adecuada con Dios.

• Sé que tengo favor con Dios, basado totalmente en lo que Jesús hizo (en la cruz) y no en lo que hago yo.

• Acepto la gracia de Dios por fe en Cristo. Todos los días me apropio de mi fe en Cristo y éste crucificado, y cuento con Su gracia para que me ayude a vivir la vida cristiana por medio del poder de Su Espíritu.

• Me estoy sometiendo cada día al poder del Espíritu Santo para producir una vida santa en mí.

Cuando una persona se hace cristiana deja de tratar de ganarse el favor de Dios; simplemente lo recibe. No tiene que trabajar por él. Tal y como dijo Jesús *"Consumado es"* (Juan 19:30). ¡Aleluya, Cristo lo ha hecho todo! ¡Está terminado!

Jesús, por su sangre derramada, le ha hecho a usted aceptable a los ojos de Dios, pero no a usted sino a Cristo, que vive en usted. Pero la cuestión es: ¿lo cree usted realmente? ¿Vive usted como si lo creyera? Quizá usted diga que sí, pero sus acciones hablan más que sus palabras.

Conozco a una joven llamada Katie que creció pensando que tenía que agradar a Dios, pero cuanto más trataba, más sentía que tenía que obrar. Sus esfuerzos nunca parecían ser suficientes. Ella seguía pensando que nunca podría hacer lo bastante para agradarle. Aunque era cristiana, se sentía lejos del Señor. Pero un día el Señor le reveló su gran amor por ella. Se vio ya aceptada por Dios, y se dio cuenta de que no tenía que trabajar para ser amada Dios, pues Él ya la amaba. Esta revelación la liberó en su vida cristiana. Ahora el Espíritu Santo está vivo y activo en su vida porque ella no está trabajando con una mentalidad de ley, sino de gracia.

Aquí hay un gráfico muy sencillo que le ayudará a ver si usted está viviendo su vida cristiana bajo la ley o bajo la gracia.[1]

	LEY	GRACIA
Nuestro enfoque	Obras	Cristo y éste crucificado
Objeto de la fe	Rendimiento	Obra terminada de Cristo
Fuente de Poder:	Fuerza de voluntad	Espíritu Santo
Resultado	Fracaso	Victoria

Cuando una persona vive bajo la ley, está constantemente tratando de ganarse el favor de Dios. El objeto o enfoque de su fe es su propio rendimiento. Depende de su propia fuerza de voluntad para resistir el pecado. Todo esto no lleva más que al fracaso. La iglesia puede poner todas estas reglas: no vayas al cine, no lleves el cabello largo, ten un amigo a quien rendirle cuentas, no fumes, no tomes, no bailes, etc. Pero esta mentalidad cae en la categoría de ley o legalismo. Una vida cristiana santa no puede ser vivida a base de reglas y normas externas, sino que ha de ser escrita en el corazón de la persona. Usted vive para Dios, de dentro hacia afuera, y no de fuera hacia adentro.

Vida bajo La ley

Cuando hablamos de *"la ley"* nos estamos refiriendo a los mandamientos de Dios, los haz y no hagas de la vida cristiana. A la mayoría de los cristianos les han enseñado la vida cristiana por medio de esos haz y no hagas, y están por ello viviendo bajo una mentalidad de *"fe en las obras"*. Si su vida cristiana está confiando en esas obras de la carne, el resultado será una vida cristiana derrotada. Una vida vivida por la ley es una vida desconectada del poder del Espíritu Santo.

Nadie ha conseguido vivir una vida cristiana victoriosa bajo la ley. Es imposible que el hombre guarde los mandamientos. Si no podemos, entonces ¿por qué nos los dio Dios? Nos fueron dados por tres razones principales:

1. Dios nos dio la ley para que la humanidad conociera Sus estándares morales para la vida. Las leyes de Dios son los requisitos de un Dios santo. Los Diez Mandamientos nos muestran lo que está bien y lo que está mal a los ojos de Dios.

2. Dios no dio la ley para mostrarnos cuán pecaminosos somos y cuánto necesitamos a Dios.

Cuando sabemos cuáles son sus estándares, nos damos cuenta de que en realidad nos quedamos muy cortos. Por ejemplo, Jesús dijo que si usted mira a una mujer deseándola en su corazón, es como si hubiera cometido adulterio. Los mandamientos nos muestran cuán pecaminosos somos de verdad, tanto de obra como de pensamiento.

3. Dios no dio la ley para guiarnos hacia la cruz. Una persona no sabe que necesita ser salva hasta que se da cuenta de que está perdida. Hoy día la mayoría de la gente no anda por ahí pensando que cuando mueran van a pasar la eternidad en el infierno. La mayoría piensa que son bastante buenas personas, y que un Dios amoroso no los enviará al infierno. La ley nos muestra que no hemos guardado los estándares puestos por Dios, somos culpables de haber pecado, y necesitamos un Salvador. Esta es la razón por la qué Jesús vino a morir por nosotros.

En esencia, los Diez Mandamientos nos muestran cuán pecaminosos somos realmente. *"¿Luego lo que es bueno. [Dios's Ley], vino a ser muerte para mí? En ninguna manera; sino que el pecado, para mostrarse pecado, produjo en mí la muerte por medio de lo que es bueno, a fin de que por el mandamiento el pecado llegase a ser sobremanera pecaminoso"* (Romanos 7:13, comentario añadido).

La razón por la que Estados Unidos y Canadá se están volviendo cada vez más inmorales es porque los mandamientos de Dios (la Palabra de Dios) ya no se consideran el estándar de nuestra sociedad. Pero cuando la Palabra de Dios y los mandamientos de Dios se ponen como estándar, el pecado volverá a considerarse *"sobremanera pecaminoso"*.

Hace tiempo participé en un programa de radio que advertía a los jóvenes sobre la película *"Titanic"*. Una niña llamó al programa y se molestó conmigo. No estaba de acuerdo con el veredicto de que los cristianos no deberían ver *"Titanic"*. Dijo que había visto la película y que no vio nada malo en ella. Le pregunté si sabía que el nombre del Señor fue usado en vano más de doce veces en la película. De dijo que ni siquiera se había percatado. Cuanto más estamos en el mundo y menos en la Palabra de Dios, más nos desensibilizamos de las cosas del mundo.

Finalmente, viendo que no estaba llegando a ninguna parte, hice un último intento de alcanzarla. Le pregunté a esa muchachita: *"¿Qué haría Jesús? ¿Crees que Jesús gastaría $8 para sentarse en un cine y escuchar su nombre blasfemado más de doce veces, por no nombrar todas las otras cosas inmorales que salían en la película? ¿Crees eso?"* Tardó en responder, y luego, con una voz entrecortada, dijo: *"Supongo que no"*. Dése cuenta de que cuando yo comparé la película *"Titanic"* con la santidad de Jesús, fue cuando la película se volvió *"sobremanera pecaminosa"*. Esto es lo que tiene que hacer la ley.

> *"De manera que la ley ha sido nuestro ayo, para llevarnos a Cristo, a fin de que fuésemos justificados por la fe" (Gálatas 5:24).*

¿Por qué le están fallando a Dios la mayoría de los adolescentes y adultos?

¿Por qué le están fallando a Dios la mayoría de los jóvenes cristianos? Las estadísticas nos dicen que el 74% de nuestros jóvenes cristianos copian en los exámenes, el 83% dice que les miente a los profesores, el 63% afirma volverse físicamente violento cuando se enoja.[2]

Los adultos que los educan no están haciendo mejor las cosas. Tienen problemas similares, tal y como mentirles a sus cónyuges, defraudar a la hora de hacer la declaración de impuestos, ser violentos en el hogar, etc. ¿Cómo es posible? Una de las razones es que muchos americanos afirman conocer a Dios cuando la verdad es que no es cierto. la segunda razón es que hay un montón de cristianos que aman a Dios pero le están fallando porque el pecado se ha vuelto a apoderar de sus vidas.

Como la mayoría de los creyentes nunca han aprendido a vivir la vida cristiana de manera victoriosa, viven la vida cristiana derrotada. Siguen viendo cómo el diablo roba y destruye lo que Dios tiene para ellos. La Biblia dice: *"Mi pueblo fue destruido, porque le faltó conocimiento"* (Oseas 4:6). A la mayoría de los cristianos les falta conocimiento de los pasajes de la Palabra de Dios que enseñan cómo ser libres de pecado.

ENTONCES, ¿CÓMO DEBO VIVIR LA VIDA CRISTIANA?

Regresemos a la tabla. El creyente que mira hacia la cruz y depende diariamente de la gracia de Dios verá el poder del Espíritu Santo obrando en su vida, dándole deseos y fuerzas para vivir la vida cristiana victoriosa. El objeto de nuestro enfoque en nuestro caminar con Jesús ha de centrarse en lo que éste ha hecho en la cruz para derrotar las fuerzas de maldad. Debemos asimismo depender diariamente de su obra terminada. El cristianismo no es lo que hacemos sino lo que sabemos (lo que creemos).

Jesús dijo: *"y conoceréis la verdad, y la verdad os hará libres"* (Juan 8:32). Nos podríamos preguntar *"¿libres de qué?".* La afirmación de Jesús en Juan 8:32 aparece justo un par de versículos después de la historia de la mujer adúltera sorprendida en pecado. Jesús les dijo a sus acusadores que el que estuviera libre de pecado, tirará la primera piedra. Todos ellos tuvieron que dejar caer sus piedras y marcharse del templo porque todos eran culpables de haber pecado.

Muchos de nosotros creemos que si leemos cierta cantidad de páginas de la Biblia, u oramos cierta cantidad de tiempo cada día, o atamos el diablo, o atamos tal o cual espíritu seremos libres. Estas cosas son buenas y deben hacerse, pero no son las que traerán libertad sobre la naturaleza de pecado. No se engañe: lo que derrota el poder de la oscuridad no es lo que hacemos nosotros, sino lo que Jesús ya ha hecho por nosotros en la cruz. Escuche y aprenda la importancia de I Juan 3:8: *"El que practica el pecado es del diablo; porque el diablo peca desde el principio. Para esto apareció el Hijo de Dios, para deshacer las obras del diablo".*

El creyente tiene que entender que hace dos mil años, en la cruz, Jesucristo ya destruyó las obras del diablo. La cuestión es: ¿lo cree usted?, ¿lo cree de verdad?

Quizá usted diga *"Sí lo creo"*, pero luego vive como si tuviera que salir y derrotar al diablo por medio de sus propias obras. La manera en que un creyente trate con la tentación y el pecado le dirá exactamente dónde ha puesto su fe. Si alguien menciona que está tratando de derrotar cierto pecado repetido en su vida, este creyente tiene más fe en lo que hace él que en lo que ya ha hecho Cristo.

Un ejemplo del Antiguo Testamento

El libro de Josué nos ofrece un gran ejemplo en el Antiguo Testamento de cómo actúa el poder de Dios (Josué, capítulo 6). Siguiendo instrucciones del Señor, los israelitas marcharon alrededor de la ciudad de Jericó una vez al día durante seis días, con los sacerdotes llevando siete trompetas. El séptimo día marcharon siete veces alrededor de la ciudad, y en ese preciso momento soplaron fuertemente las trompetas. Después de eso todo el pueblo gritó, y las paredes de Jericó se derrumbaron. Esa fue la estrategia de Dios para que los hijos de Israel tomaran la ciudad de Jericó. Sucedió tal y como Dios dijo que iba a suceder. ¿Qué nos está tratando de enseñar Dios por medio de esta historia del Antiguo Testamento?

A primera vista parece que Dios les está pidiendo a esos hombres que hagan una tontería. Pero la lección para nosotros es enorme. Dios nos está mostrando que la forma de derrotar a nuestros enemigos *"No con ejército, ni con fuerza, sino con mi Espíritu"* (Zacarías 4:6). Ese día no hizo falta un gran poder militar ni una estrategia política para derrotar a Jericó, sino una gran fe. Es decir, aquellos hombres tenían que creer con todas sus fuerzas que marchar, tocar las trompetas y gritar iba a tumbar las murallas de una ciudad. Hizo falta mucha fe por su parte, no solo para creerlo ¡sino también para hacerlo! La fe verdadera es actuar siempre de acuerdo con lo que uno cree.

También parecía una cosa muy tonta que un adolescente con una honda se parara en frente de un gigante de seis codos y un palmo, con la seguridad de poder hacer algo que no había logrado nadie más de todo el ejército judío. A Dios le gusta apilar tantas posibilidades en contra de nosotros que cuando ganamos las batallas solo podemos llegar a una conclusión: ¡Tuvo que haber sido Dios! La batalla se gana por fe, no por medio de nuestro poder o habilidad personal.

La Palabra de Dios enseña que nuestras batallas con el pecado no se ganan intentándolo más o trabajando para lograr la victoria; la victoria se gana por nuestra fe. I Juan 5:4 dice: *"y esta es la victoria que ha vencido al mundo, nuestra fe."*

Cross-Eyed

Capítulo seis

La batalla equivocada

Romanos 7:15 dice: "Porque lo que hago, no lo entiendo; pues no hago lo que quiero, sino lo que aborrezco, eso hago".

En el versículo anterior, el apóstol Pablo realiza una confesión muy valiente. Reconoce que está viviendo una vida derrotada, y no entiende por qué cuando de verdad quiere hacer lo que es bueno, no lo hace, y en lugar de eso hace lo mismísimo que odia.

Creo que si se supiera la verdad, la mayoría de los creyentes podría hacer la misma confesión. Existe una lista completa de pecados con los que lucha el creyente: lujuria, inmoralidad sexual, impurezas, pensamientos sucios, embriaguez, idolatría, odios, hostilidad, peleas, enojo, vanidad envidia, celos, engaños, robos, juegos de azar y más.

Esta lucha sobre el pecado es común para nosotros los creyentes. La mismita cosa que queremos hacer, vivir rectamente, es lo que no hacemos. Sin embargo, el mero hecho de que sea una lucha es prueba de que somos salvos. Si estuviéramos perdidos, esos pecados no nos molestarían, por lo menos no hasta el punto de convicción de que estamos pecando contra Dios.

La lucha en el corazón del creyente es para cambiar su comportamiento para que el estilo de vida sea acorde con la confesión. Tarde o temprano, todo creyente se enfrentará a una lucha así. *"Porque el deseo de la carne es contra el Espíritu, y el del Espíritu es contra la carne; y éstos se oponen entre sí, para que no hagáis lo que quisiereis."* (Gálatas 5:17).

Fíjese en la palabra *"oponen".* La carne y el Espíritu están en guerra el uno contra el otro en la vida del creyente. La carne quiere ir en una dirección (el camino del pecado), y el Espíritu quiere ir en otra dirección (el camino de la santidad). Esta es la lucha que hay dentro de cada creyente que haya nacido de nuevo.

SI PABLO NO PUEDE VIVIRLA, ¿QUIÉN PUEDE?

Permítame hacerle una pregunta: *"Si el apóstol Pablo no puede vivir la vida cristiana victoriosa, entonces ¿quién puede?"* ¡Pablo era un gigante espiritual! Escribió casi un tercio del Nuevo Testamento. Tuvo un encuentro personal con Jesús en el camino de Damasco. De una forma dramática fue salvo y lleno del Espíritu Santo. pero en Romanos, capítulo 7, este mismo hombre le estaba fallando a Dios ¡y no sabía por qué!

En la lucha del apóstol Pablo con el pecado, descubrimos el secreto para vivir una vida victoriosa. La Biblia no nos dice cuál era el pecado de Pablo, pero la verdad es que no importa: el pecado es el pecado. Romanos 7:18 dice: *"Y yo sé que en mí, esto es, en mi carne, no mora el bien; porque el querer el bien está en mí, pero no el hacerlo".*

La voluntad de vivir para Dios estaba presente en Pablo porque él era salvo y estaba lleno del Espíritu Santo (Hechos 9:17-18). Antes de que una persona llegue a Cristo no desea realmente vivir para Dios. Disfruta pecando y lo hace bien. Quizá no le gusten las consecuencias del pecado, pero sí disfruta los placeres del pecado (Hebreos 11:25). Una vez que alguien llega a Cristo y nace de nuevo, el Espíritu Santo viene y pone dentro de él el deseo de cambiar. El pecado ya no es divertido, y la persona ya no quiere desobedecer a Dios sino agradarle. Por esa razón, Pablo dijo: *"...el querer el bien está en mí..."*

Pero dése cuenta también de que Pablo dice: *"en mi carne no mora el bien".* Pablo reconoció que su naturaleza pecaminosa estaba aún presente. Recuerde que cuando Dios nos salva, no nos quita la naturaleza de pecado, sino que simplemente la destrona (la desactiva o separa) para que no domine nuestras vidas. Si Dios eliminara la naturaleza de pecado en el momento de nuestra salvación, no tendríamos más problemas con el pecado, pero entonces no necesitaríamos a Dios. Dios quiere que dependamos de Él, así que deja en nosotros la naturaleza de pecado.

El dilema de Pablo fue darse cuenta de que su carne todavía era capaz de pecar, pero su nueva naturaleza divina (II Pedro 1:4), dada por Dios, le otorgaba la voluntad y el poder de luchar contra el pecado. Como resultado, tenía dos naturalezas en lucha. Una naturaleza quería vivir de forma recta y agradar a Dios; la otra naturaleza quería pecar. Así que la gran pregunta es: *"¿Cómo conquistó la naturaleza de pecado o el problema del pecado?"*

Si un pecado lo tiene a usted cautivo —lujuria, drogas, alcohol, juegos de azar, enojos, celos, algún desorden alimenticio, inmoralidad, ansiedad, depresión u otro millar de cosas—, y usted no sabe cómo obtener la victoria, no tiene más que ir a la Palabra de Dios. En ella, Dios nos ha mostrado el *"cómo"* derrotar el pecado.

ROMANOS 7

Hay una palabra en Romanos 7 que revela cuál es el principal problema de Pablo al tratar de derrotar el pecado en su vida. Es la palabra *"yo".* Pablo la usa abundantemente en Romanos, capítulo 7. En cierto punto de su vida, el principal problema de Pablo fue tratar de derrotar la naturaleza de pecado o el problema del pecado por medio de su propia fuerza o voluntad. La Biblia lo llama a esto la obra de la carne. Circule la Palabra *"yo"* cada vez que la vea en Romanos 7, y se dará cuenta de que Pablo estaba tratando de vivir la vida cristiana por medio de sí mismo. Este es el principal problema de hoy día con el evangelio moderno; la mayor parte está centrado en el *"yo"*. Muchos están luchando en su caminar con Dios porque la mayor parte de la predicación de hoy no se enfoca en la cruz, sino en uno mismo, lo que alimenta nuestra naturaleza de pecado en vez de destruirla.

La palabra *"carne"* podría describirse como nuestra habilidad, fuerza o voluntad. La Biblia enseña que cuando tratamos de derrotar el pecado en nuestra propia fuerza caemos bajo la ley; estamos tratando de vivir por los mandamientos, y la Biblia dice que esto frustra la gracia de Dios. Gálatas 2:21 dice: *"No desecho la gracia de Dios; pues si por la ley fuese la justicia, entonces por demás murió Cristo".*

¿Qué significa desechar *"la gracia de Dios"*? En primer lugar, debemos darnos cuenta de que Jesucristo ya ha derrotado el pecado en la cruz. Su obra terminada en la cruz no solo pagó la deuda del pecado, deuda que no podíamos pagar, sino que también rompió el poder de la garra del pecado, poder que no podíamos romper. Cristo ya ha ganado la victoria sobre el pecado en la cruz. Cuando por nuestros propios esfuerzos tratamos de derrotar algún pecado específico de nuestras vidas, estamos eludiendo la cruz y por tanto desechando la gracia de Dios. Él ya ha proporcionado la respuesta al pecado, que es fe en Cristo y éste crucificado.

Sería como si yo me acercara a un extraño total y le dijera que quiero darle cien dólares, pero él se negara a tomarlos por el hecho de sentirse culpable de tomar ese dinero sin haber hecho nada para ganarlo. Trato de convencerlo de que solo quiero darle el dinero debido a la bondad de mi corazón, pero él sigue rehusando mi generosidad basándose en el hecho de que él no quiere recibe una limosna.

¿Qué ha hecho este hombre? Ha desechado mi gracia. Cuando nos negamos a mirar a Cristo y lo que hizo en la cruz como solución para el pecado, frustramos a Dios y Su gracia, y por tanto entristecemos el poder del Espíritu

Santo. No nos queda entonces más remedio que luchar nosotros solos contra el gigante (pecado).

Hemos de entender que la carne no es rival para el diablo o la naturaleza de pecado. El diablo continuará boxeando con nosotros de vez en cuando. Algunos caen antes que otros, pero al final todos lo hacemos y recibimos el golpe final. Pero hay buenas noticias: el diablo no puede hacer nada contra el poder del Espíritu Santo.

El más mínimo entendimiento bíblico nos muestra que solo podemos tener victoria sobre el pecado por medio del Espíritu Santo. Porque Gálatas 5:16 dice: *"Digo, pues: Andad en el Espíritu, y no satisfagáis los deseos de la carne".*

Así que la respuesta del creyente a la lucha por el pecado es caminar en el poder del Espíritu Santo. Esto es exactamente lo que nos enseña Gálatas 5:16: El poder del pecado se rompe por medio del Espíritu Santo. El profeta Zacarías lo declaró varios cientos de años antes: *"No con ejército, ni con fuerza [poder humano], sino con mi Espíritu, ha dicho Jehová de los ejércitos".* (Zacarías 4:6). La victoria cristiana se encuentra en la tercera persona de la Trinidad, el Espíritu Santo de Dios.

Si es por medio del Espíritu la forma en la que uno camina en victoria (y lo es), entonces la gran cuestión es: *"¿Qué hago para caminar en el Espíritu?"* ¿Cómo opera y actúa el Espíritu Santo en la vida de un creyente para darle la victoria sobre el pecado?

Fijémonos en el problema que tenía Pablo, y por qué sus propios esfuerzos no solo le estaban fallando sino creándole un problema aún mayor. Romanos 7:8 dice: *"Mas el pecado* [la naturaleza de pecado], *tomando ocasión por el mandamiento, produjo en mí toda codicia; porque sin la ley el pecado está muerto".*

La palabra *"codicia"* de Romanos 7:8 es la palabra griega *"epithumia"*, que significa *"deseo de lo que está prohibido"*. Es desear o codiciar algo que Dios prohíbe en su Palabra.

Pablo nos está mostrando que cuando estaba tratando de vivir para Dios por medio de la ley (tratando de guardar los mandamientos), su naturaleza de pecado se agitaba y le hacía pecar todavía más. ¿Por qué?

LA LEY HACE QUE BROTE LA REBELIÓN

El corazón del hombre es tan malvado que cuando se enfrenta a reglas y normas, su naturaleza de pecado quiere romper esas reglas. La Biblia dice: *"No hay quien haga lo bueno, no hay ni siquiera uno."* (Romanos 3:12). Jesús dijo que el hombre es *"desventurado, miserable, pobre, ciego y desnudo."* (Apocalipsis 3:17).

Cuando hice prácticas de magisterio, me enseñaron que si estás en una sala con un grupo de niños, y quieres que salgan por una puerta determinada de la sala, solo hay que señalarles la puerta por la que queremos que salgan. No hay que decirles que no salgan por la otra puerta. La razón: habrá quien quiera salir por la puerta por la que usted les dijo que no salieran. ¿Por qué? Porque dentro de cada uno de nosotros hay un rebelde que quiere ir en contra de las reglas.

Esta es la razón por la que tenemos a tantos adolescentes que se han criado en la iglesia y que están viviendo en rebelión contra Dios, porque a la mayoría de ellos se les ha enseñado a seguir a Dios desde una mentalidad de Ley y no de Gracia. La Biblia dice que la ley mata pero que la gracia da vida.

Una vez más, Pablo descubrió que cuando trataba de vivir su vida por la ley sentía más deseos de hacer las cosas que estaba prohibidas en la Palabra de Dios. Así que si un creyente está tratando de vivir su vida cristiana por la ley o por su propia fuerza, no solo no tendrá éxito, sino que romperá cada vez más leyes. ¡Qué malvado es el corazón del hombre!

Si el creyente intenta vivir para Dios por medios que no sean la cruz, será dominado por sus deseos malignos. Por muy dedicado que sea, no será capaz de detener el proceso de esta manera, sino que se hará peor.[1] La ley no puede arreglar el problema de la naturaleza de pecado; lo único que hace es exponerlo. A esto se refiere Pablo al decir: *"Porque sin la ley, el pecado estaba muerto."* Hasta que Dios no nos dio la ley, ni siquiera entendíamos qué poco santos éramos. Pero cuando nos dios Sus estándares para la vida nos dimos cuenta de cuán pecadores somos en verdad.

Si tratamos de vivir La vida cristiana por medio de los Mandamientos

Es tan importante que el creyente comprenda esta revelación que descubrió Pablo, que vale la pena repetirla. Pablo comenzó su caminar con Cristo tratando de guardar los Mandamientos en su propio poder y fuerza de voluntad. Se dio cuenta de que al hacer eso, su vieja naturaleza pecaminosa volvía a la vida, y él comenzaba a morir espiritualmente, totalmente derrotado e indefenso ante Dios.

Romanos 7:9 dice: *"Y yo sin la ley vivía en un tiempo; pero venido el mandamiento, el pecado revivió y yo morí."* En este versículo, Pablo explica su experiencia personal. Fue salvo, e inmediatamente disfrutó la nueva vida del Espíritu Santo. Pero por no saber cómo vivir para Dios, y sin haber recibido aún la revelación de la cruz, revertió en tratar de vivir para Dios por medio de la ley, y se encontró fallándole a Dios.

Quizá usted esté confuso al llegar a este punto, pensando *"¿No dice la Palabra de Dios que tenemos que seguir los Mandamientos?"* ¡Sí, lo dice! Jesús dijo: *"Si me amáis, guardad mis mandamientos"* (Juan 14:15). Juan 14:21 dice: *"El que tiene mis mandamientos, y los guarda, ése es el que me ama; y el que me ama, será amado por mi Padre, y yo le amaré, y me manifestaré a él", y I Juan 2:3-4 dice: "Y en esto sabemos que nosotros le conocemos, si guardamos sus mandamientos. El que dice: Yo le conozco, y no guarda sus mandamientos, el tal es mentiroso, y la verdad no está en él".*

La Palabra de Dios le está mandando al creyente guardar los mandamientos de Dios, y aquí es donde el creyente se tropieza. Tenemos que guardar los mandamientos, pero tenemos que preguntarnos: *"¿Qué hago para guardar los mandamientos?"* Porque si hacemos esto de la manera equivocada, terminaremos derrotados, frustrados y listos para dejar la vida cristiana. Desgraciadamente, esto es lo que han hecho muchos.

Pablo está señalando que cuando trataba de vivir por los mandamientos, su naturaleza de pecado revivía. Amigo mío, ¡yo no quiero estar involucrado en esta clase de avivamiento!

Antes de que Pablo comprendiera la cruz en términos de vida victoriosa estaba deslizándose por el camino equivocado. Estaba tratando de producir su propia victoria a base de guardar los mandamientos con su propio poder y fuerza de voluntad. No solo se encontró fallándole a Dios, sino que el problema se agudizó cuando su naturaleza de pecado revivió y resucitó.

Pablo escribió: *"Y hallé que el mismo mandamiento que era para vida, a mí me resultó para muerte; porque el pecado, tomando ocasión por el mandamiento, me engañó, y por él me mató."* (Romanos 7:10-11). Pablo estaba diciendo que los mismos mandamientos de Dios que nos dan los estándares morales de vida para traernos vida, le engañaron y le estaban matando. ¿Cómo era posible?

Los mandamientos no estaban engañando a Pablo; lo que lo estaba matando era su propia interpretación equivocada sobre el camino hacia la victoria. En cierto punto, Pablo pensó que la forma de vivir para Dios era tratar, lo mejor que pudiera, de seguir la ley. Este es el engaño en que viven muchos en la iglesia hoy día. Creemos que si nos comprometemos más en guardar las disciplinas cristianas, si pudiéramos tener una fe más ardiente y trabajar más para ser creyentes rectos, entonces andaríamos en victoria sobre el pecado. Creemos que si estudiamos lo suficiente, oramos lo suficiente, mantenemos cerca de nosotros al amigo a quien rendirle cuentas, damos lo suficiente, ayunamos lo suficiente o simplemente tratamos mas duro, entonces caminaremos en victoria. Bien, esa mentalidad no solo es un engaño y no nos lleva a la victoria, sino que hará que el problema del pecado en nuestras vidas sea aún más incontrolable. ¿Por qué? Porque ese no es el camino que Dios ha prescrito para la victoria. En realidad se trata de ¡adulterio s espiritual!

ADULTERIO ESPIRITUAL

Lea el principio de Romanos, capítulo 7:1-4. Pablo dice que un cristiano que regresa a la mentalidad de la ley es algo tan serio como una mujer que engaña a su marido. Pablo está afirmando la seriedad de un cristiano que se casa con Cristo por gracia mediante la fe (la Biblia nos llama la Esposa de Cristo) y después vuelve a vivir bajo la ley. Pablo nos está diciendo que esto es adulterio espiritual. En Romanos 7:4 la Biblia dice: *"Así también vosotros, hermanos míos, habéis muerto a la ley mediante el cuerpo de Cristo, para que seáis de otro, del que resucitó de los muertos, a fin de que llevemos fruto para Dios".*

Los cristianos estamos casados con Cristo (hablando espiritualmente); ya no estamos casados o unidos a la ley. Cristo ha liberado al creyente de estar bajo la ley. Antes de Cristo estábamos bajo la ley; y como pecábamos, rompimos la ley y estábamos bajo juicio. Pero a causa de la cruz y de nuestra fe en Cristo y lo que hizo por nosotros en la cruz, ahora estamos bajo la gracia y no la ley.

¿CÓMO SE SENTIRÍA USTED?

Un niñito está atrapado en un edificio en llamas, y usted es la única persona que lo puede salvar. Así que se lanza al edificio en llamas, arriesgando su vida para sacarlo y ponerlo a salvo. Al pasar por el edificio, usted sufre quemaduras graves, que le causan un gran dolor físico. Por fin llega a donde está el niño, en la quinta planta del edificio. Para cuando llega allí es imposible regresar por el mismo camino por el que entró en el edificio. La única forma de salir es por la ventana del quinto piso. No hay salida de incendios, y allí no hay nadie para ayudarlo. Así que, sin otra alternativa, envuelve al niño en un almohadón y lo cubre con una manta. Lo toma en sus brazos y salta por la ventana. Milagro de milagros: el niño se salva. De hecho, ni siquiera está herido. Sin embargo, la caída fue demasiado para usted, y muere por causa de heridas múltiples.

Después de salvar al niño, su cuerpo yace muerto en el suelo. El niño se levanta y de repente recuerda que su osito de peluche todavía está en la casa en llamas, en el quinto piso. Así que se vuelve a meter en el edificio en llamas y es consumido por éstas. Si usted estuviera mirando desde el cielo, ¿cómo se sentiría? Usted ha sacrificado su vida para salvar a ese niñito de las llamas, solo para que él ¡regrese corriendo a ellas! Eso le causaría a usted una frustración enorme.

Ahora podemos entender por qué Dios usa un término tan fuerte como *"adulterio espiritual"* para referirse a un cristiano que regresa a la ley después de haber sido salvo por gracia. Cuando eludimos la cruz y tratamos de vivir la vida cristiana por medio de la ley, por nuestros propios esfuerzos humanos y obras, estamos insultando gravemente la cruz de Cristo.

Todo cristiano debe llegar a la conclusión de que solo existe un camino a la victoria. No hay dos caminos, diez caminos ni doce caminos: solo hay uno. Pablo entendió que ninguna de las cosas que estaba haciendo lo podía liberar. Ya no podía más; estaba totalmente derrotado.

¡HE CONOCIDO AL ENEMIGO, Y SOY YO!

Pablo tiene cuidado al señalar que el problema de su vida no eran los mandamientos, pues estos son santos; ¡el problema era él!

"De manera que la ley a la verdad es santa, y el mandamiento santo, justo y bueno. ¿Luego lo que es bueno, vino a ser muerte para mí? En ninguna manera; sino que el pecado, para mostrarse pecado, produjo en mí la muerte por medio de lo que es bueno, a fin de que por el mandamiento el pecado llegase a ser sobremanera pecaminoso" (Romanos 7:12-13).

La ley es como un espejo que nos muestra lo malignos que somos. Dios nos dio los Diez Mandamientos sabiendo que no podríamos guardarlos. Nos fueron dados para mostrarnos que somos *"sobremanera"* pecaminosos, que lo necesitamos mucho. Hemos de entender que la ley no tiene poder en sí misma para cambiarnos. Es simplemente un espejo o tutor que nos lleva a Cristo (Gálatas 3:24).

La palabra *"tutor"* en griego es *"paidagogos"*, y significa *"tutor o guía de niños, es decir, siervo cuya tarea era llevar a los niños al colegio"*. La tarea de la ley es mostrarle al pecador cuán sobremanera pecaminoso es, llevar a ese pecador a la cruz y dejarlo allí. ¡Ese es el propósito de la ley!

Pablo vio la profundidad del problema y por qué no estaba teniendo victoria sobre el pecado. Se dio cuenta de lo pecaminoso que era en verdad. La naturaleza pecaminosa, aunque había sido destronada por la naturaleza divina, le seguía causando problemas porque él no entendía cómo apropiarse de su fe en la cruz y mantener a raya la naturaleza de pecado.

Romanos 7:14 dice: "Porque sabemos que la ley es espiritual; mas yo soy carnal, vendido al pecado." La

Palabra "carnal" aquí es "arkikos", que significa "relativo a la carne". Estos son los deseos de la carne. Esto es lo que quiero hacer para agradar a mis propios deseos carnales. Solo hay dos tipos de obras: las obras de la carne y las obras del Espíritu.

Al diablo se le da muy bien mentirle al creyente, convenciéndole de que hacer una confesión como la que hizo Pablo en Romanos 7 no es una confesión de fe. A muchos cristianos solo se les enseña a hacer confesiones positivas tipo *"Somos más que vencedores"* o *"Todo lo puedo"*.

Sin embargo, ¿se ha dado cuenta usted de que parecen no terminar de citar el versículo, con lo que están sacando ese pasaje de su contexto, y por tanto malinterpretando dicho versículo? Dése cuenta de lo que en verdad dicen esos versículos: *"Antes, en todas estas cosas somos más que vencedores por medio de aquel que nos amó"* (Romanos 8:37). *"Todo lo puedo en Cristo que me fortalece."* (Filipenses 4:13). Tenemos que prestarle atención cuidadosamente a quién le da al creyente la victoria sobre el pecado. Es Cristo y solo Cristo y no nosotros para que no nos gloriemos (Efesios 2:9).

Pablo se está acercando a la revelación de cómo lo liberó la cruz. Romanos 7 nos proporciona un cuadro vívido, paso a paso, para que veamos cómo poder ser libres de todos los vicios de la naturaleza malvada. En Romanos 7:15-20, Pablo confiesa que fue totalmente incapaz de vivir la vida cristiana debido a la naturaleza maligna de su corazón. Esta seguía asomando su fea cabeza para controlar a Pablo.

LEYES ESPIRITUALES

Pablo recibió más revelaciones relativas a las leyes espirituales que Dios nos ha dado. Al igual que hay leyes físicas que gobiernan nuestro universo, también hay leyes espirituales que gobiernan los asuntos del hombre. La palabra *"ley"* en griego es *"nomos"*, que significa *"principio de gobierno que regula los asuntos de la humanidad".*

Resulta de vital importancia que todo creyente entienda estas leyes que han sido establecidas por Dios para regular los asuntos espirituales de la humanidad.

1. Primera Ley—La ley del pecado y de la muerte

"Así que, queriendo yo hacer el bien, hallo esta ley: que el mal está en mí." (Romanos 7:21).

Pablo se dio cuenta de que había en él una naturaleza malvada que era innegable. Es un principio, y no había nada que él pudiera hacer para escapar al hecho de tener una naturaleza de pecado, y nada que hiciera en sus propias fuerzas iba a librarle de ella. A causa de la ley del pecado y de la muerte, a él se le presentaba constantemente un problema que tenía que considerar.

La ley del pecado y de la muerte es la segunda ley más poderosa del universo (Romanos 8:2). Esta ley requiere que la consecuencia de romper los mandamientos de Dios sea separación de Dios, muerte espiritual. Si rompemos los mandamientos de Dios moriremos. Vamos a estar separados de Dios y de Su presencia, y ¡no hay nada más terrible que eso!

2. Segunda Ley—La ley de Dios

"Porque según el hombre interior, me deleito en la ley de Dios" (Romanos 7:22).

Las leyes de Dios son muy pertinentes para nuestras vidas. Se trata de los Diez Mandamientos (y cientos de otros mandamientos) hechos por Dios que indican cómo debe vivir el hombre. Tal y como dijo en una ocasión Ted Koppel (analista de Noticias ABC), *"No son las Diez Sugerencias"*, queriendo decir que no están abiertos a debate.

Dios va a juzgar este mundo basándose en Sus mandamientos. Usted y yo no vamos a poder cambiarlos; ¡son Ley!

3. Tercera Ley—La ley de mi mente

"pero veo otra ley en mis miembros, que se rebela contra la ley de mi mente, y que me lleva cautivo a la ley del pecado que está en mis miembros" (Romanos 7:23).

La ley de nuestras mentes es nuestro deseo como creyentes de luchar contra el pecado. Todo verdadero creyente en Cristo tiene en su mente la idea de que ha de derrotar el problema con el pecado. La *"ley que está en mis miembros"* es nuestra naturaleza de pecado guerreando con nuestras mentes, causándole gran angustia a todo creyente.

4. Cuarta Ley—La ley del Espíritu de vida en Cristo Jesús

"Porque la ley del Espíritu de vida en Cristo Jesús me ha librado de la ley del pecado y de la muerte" *(Romanos 8:2).*

Hemos dicho que la ley del pecado y de la muerte es la segunda ley más poderosa del universo. Pero Pablo supo de otra ley que es aún mayor que la ley del pecado y de la muerte: la ley del Espíritu. Cuando usted entienda el principio que gobierna las operaciones del Espíritu Santo, descubrirá el secreto de una vida cristiana victoriosa.

La ley de la gravedad era una ley que no pudo ser derrotada permanentemente hasta hace unos cien años. La ley de la gravedad dice si usted salta desde un edificio alto (o cualquier otro edificio), va a caer. Por mucho que usted agite los brazos, irá hacia abajo. Durante unos 6.000 años esta ley se consideró inquebrantable. Entonces Dios le dio al hombre una revelación, y éste descubrió otra ley que es mayor que la de la gravedad. Se trata de la ley de la aerodinámica. Esta ley afirma que si se consigue crear suficientes velocidad y poder motor, se puede derrotar la ley de la gravedad, elevándose sobre el suelo y permaneciendo en el aire.

La ley del pecado y de la muerte es como la ley de la gravedad, y la ley del Espíritu de vida en Cristo Jesús es como la ley de la aerodinámica. Una vez que Pablo descubrió la ley del Espíritu, supo que podía derrotar la ley del pecado y de la muerte, y por tanto dispararse en su vida cristiana. ¡Menuda revelación!

¿QUÉ ES LA LEY DEL ESPÍRITU?

Tratemos ahora de descomponer con más precisión la ley del Espíritu para tener más claridad. En primer lugar, esta Ley del Espíritu se llama *"Ley del Espíritu de vida"*. La palabra griega para *"vida"* es *"zoe"*, y significa *"estado de uno que posee vitalidad o es animado"*. Quien esté lleno del Espíritu Santo Zoe tendrá energía espiritual, entusiasmo y poder para vivir la vida cristiana.

Cuando usted ve a creyentes que están tan llenos del amor de Dios que no pueden dejar de leer sus Biblias, que lloran por el mundo perdido, y que son testigos valientes de Cristo, usted está viendo cristianos llenos del Zoe de Dios. En este mundo no hay nada que pueda ni remotamente acercarse a la experiencia de estar lleno del Zoe de Dios.

Este Zoe o vida del Espíritu es lo que derrota todos los poderes del infierno y todas las tendencias pecaminosas de la naturaleza de pecado. ¡Este Zoe clausurará su fábrica de pecados! Derrotará su naturaleza de pecado y colgará en la puerta un letrero que diga *"Se cerró el negocio"*. ¡Gloria a Dios y al Cordero para siempre!

La clave para experimentar el Zoe de Dios es saber cómo opera el Espíritu de Vida o cómo es gobernado dentro de la vida del creyente. Regresemos a Pablo. La palabra *"yo"* se usa profusamente en Romanos 7. Todos los esfuerzos de Pablo por vivir la vida cristiana fallaron, y él ya no pudo más. En Romanos 7:23, Pablo usa la palabra *"cautivo"*, pues él era prisionero de su propia concupiscencia. No podía escaparse. Estaba atrapado. Y en el versículo 24 hizo una confesión de total desesperación: *"¡Miserable de mí! ¿Quién me librará de este cuerpo de muerte?"*.

La palabra *"miserable"* en el original griego significa *"exhausto por labor ardua"*. Pablo estaba quemado, gastado, tratando de derrotar su naturaleza malvada, llegó a un punto final en este estado miserable, se rindió y dijo *"¿Quién me librará de este cuerpo de muerte?"*. Dése cuenta de que Pablo no preguntó "qué" podría liberarlo; preguntó *"quién"*.

Un programa de doce pasos no lo librará a usted de las drogas, del alcohol o de ningún otro vicio o pecado que usted quiera nombrar. ¡Su esperanza es un Quien! Su esperanza está en una persona. Su esperanza y la esperanza del mundo están en un hombre, Cristo Jesús. I Timoteo 2:5 dice: *"Porque hay un solo Dios, y un solo mediador entre Dios y los hombres, Jesucristo hombre"*.

El Papa no tiene ni un gramo de autoridad sobre el pecado; Billy Graham no es la respuesta que usted necesita; no hay ningún programa que le pueda librar a usted; solo Jesucristo y lo que hizo por medio de la cruz le pueden librar de la ley del pecado y de la muerte y ubicarlo en su luz gloriosa.

La expresión estar *"en Cristo"* significa que nuestra fe está en Él y solo en Él. Él es el único que puede salvarnos, librarnos y darnos poder sobre el pecado. Estar *"en Cristo"* significa que nuestra dependencia total está en Él y solo en Él. Estar *"en Cristo"* significa que toda nuestra fe y confianza para una vida victoriosa están en Él.

¿CÓMO PUEDO SER LIBRADO?

En el momento de desesperación y derrota, Pablo averiguó cómo ser liberado de la garra del pecado. En el último versículo de Romanos 7 vemos que Pablo había recibido la revelación de la cruz: *"Gracias doy a Dios, por Jesucristo"*.

¡El apóstol Pablo encontró la respuesta! Halló el secreto del *"misterio de la piedad"* (I Timoteo 3:16). Sus esfuerzos para obtener la victoria sobre el pecado habían terminado, y nos mostró que Cristo y la Cruz eran la respuesta al problema de su pecado. Pablo se lanzó a dar gracias, lleno de gozo, al compartir esta nueva revelación.

Dése cuenta de que Pablo no dijo *"Le doy gracias a Dios por Jesucristo"*, eso a pesar de que Jesús realizara muchos milagros de sanidad, alimentara a 5.000 personas, y enseñara con sabiduría y conocimientos tales que el mundo no había conocido antes. Sin embargo, ninguna de estas cosas fue lo que liberó al cautivo. Lo que liberó a la humanidad fue lo que Cristo hizo en la cruz, y Pablo recibió esta revelación en su momento de necesidad desesperada.

Pablo usa la expresión *"por Jesucristo"*. Esta palabra *"por"* en griego es *"dia"*, y significa *"pasar por o cruzar por encima, como entrar por una puerta o verja"*. Esta palabra *"dia"* significa que Cristo y éste crucificado es la puerta para la victoria sobre el pecado. Solo por la sangre de Cristo podemos cruzar y pasar a un estilo de vida de victoria (Efesios 1:7). Pablo vio esa puerta, cruzó ese umbral y caminó hacia la victoria. Después lo compartió con los Romanos (y con nosotros) por medio de sus cartas.

Cuando Pablo dijo *"por Jesucristo"*, estaba diciendo que el camino para derrotar el pecado no es por medio de obras o de nuestro rendimiento sino por la obra terminada de Cristo en la cruz. Confiar en cualquier otro esfuerzo humano, programa o pensamiento es solo obra de la carne y debería considerarse como estar bajo la ley. Este acercamiento solo lleva a la derrota.

La palabra *"muerte"* de Romanos 7:24 se refiere a la miserable condición del cristiano que aún está dominado por la naturaleza malvada, y de la que espera obtener la victoria (Wuest). Al decir, *"este cuerpo de muerte"*, Pablo se refiere a su cuerpo, donde mora la naturaleza pecaminosa. Meyer, un comentarista bíblico lo parafraseó así: *"¿Quién me va a liberar de las ataduras de la ley del pecado y darme una libertad moral en la que mi cuerpo ya no sirva como sede a esta vergonzosa muerte?".*

Muchos cristianos creen que la liberación viene por imposición de manos o por sentir emociones muy fuertes, pero para el creyente en Cristo, la Biblia enseña que la liberación viene por el Espíritu, entendido de forma correcta y teniendo fe en el libertador, el Señor Jesucristo. Jesús dijo:

"El Espíritu del Señor está sobre mí, por cuanto me ha ungido para dar buenas nuevas a los pobres; me ha enviado a sanar a los quebrantados de corazón; a pregonar libertad a los cautivos, y vista a los ciegos; a poner en libertad a los oprimidos; a predicar el año agradable del Señor". (Lucas 4:18-19)

Jesús dijo que la liberación viene por medio de la predicación. Cada vez que alguien oye la predicación de la Palabra de Dios y la cree, llegará la libertad. La Biblia dice que "agradó a Dios salvar a los creyentes por la locura de la predicación" (I Corintios1:21).

Por tanto, el mensaje que se predica es lo realmente importante. El mensaje de Cristo y éste crucificado es la solución a la fortaleza de pecado del hombre, y es el único mensaje que liberará a los cautivos. Cuando el mensaje de la cruz se predica bajo la unción del Espíritu, hombres y mujeres serán libres porque la Biblia dice: *"Así que, si el Hijo os libertare, seréis verdaderamente libres."* (Juan 8:36).

Capítulo siete

¡La revelación revolucionaria!

*"Mas os hago saber, hermanos, que el evangelio
anunciado por mí, no es según hombre; pues yo ni
lo recibí ni lo aprendí de hombre alguno, sino por
revelación de Jesucristo".*

Gálatas 1:11-12

Pablo recibió la revelación de Jesucristo directamente de
Él, y de eso trata este libro, de la revelación de Jesucristo,
que también podría haberse llamado la revelación de la
cruz. Dios le dio al apóstol Pablo la revelación de la cruz
para que le mostrara su descubrimiento al resto del
mundo. Cuando Dios le reveló la cruz a Pablo, no solo lo
liberó a él sino también a ¡millones y millones de otras
personas!

El diablo no lucha contra ninguna otra revelación de
Dios con tanta furia como lo hace contra la revelación de
la cruz de Cristo. Lucha contra ella como una fiera porque
sabe que esta revelación nos libra de las ataduras.

La palabra *"revelación"* en griego es *"apokalupsis"*,
que significa a *"divulgación o descubrimiento revelador"*.
Significa *"destapar o revelar algo que ha estado oculto"*.
También significa a *"levantar el velo"*.

Imagine que usted va a una obra de teatro que le han
recomendado encarecidamente. Usted se encuentra en el
teatro, esperando con ganas la función. Aunque la verdad
es que no sabe qué esperar, tiene la sensación de que va
a ser realmente buena. De repente se oye el batir de un
tambor, se alza el telón, y por fin puede ver lo que hay
detrás del velo.

La revelación de la cruz es ésta: Jesús proporcionó la doble cura. No solo pagó nuestra deuda por el pecado (salvación), sino que también rompió el poder del pecado sobre nuestras vidas (para hacernos santos). La misma fe que nos salvó es la que nos libra de nuestros pecados. Lo que Jesús hizo en la cruz es para cada uno de nosotros personalmente, y debe ser recibida por cada uno de nosotros personalmente. La revelación de la cruz no es una respuesta al pecado; es la única respuesta al pecado; no otra.

Jesús le ha prometido una vida cristiana victoriosa y abundante a todo creyente en Cristo (Juan 10:10). Resulta imperativo que todo creyente entienda en su totalidad el mensaje de la cruz. Pablo dijo en I Corintios1:18: *"Porque la palabra de la cruz es locura a los que se pierden; pero a los que se salvan, esto es, a nosotros, es poder de Dios"*.

El versículo anterior nos revela que si queremos experimentar el poder de Jesucristo, que cambia vidas, antes tenemos que entender y creer el mensaje de la cruz. El Señor no le da esta revelación a todo el mundo sino solo a quienes lo temen y lo buscan con todo el corazón. El Salmo 25:14 nos dice: *"La comunión íntima de Jehová es con los que le temen, y a ellos hará conocer su pacto"*. Una búsqueda de Dios desesperada y diligente es un gran lugar para recibir la Revelación de la cruz y encontrar esta joya tan preciosa. Los orgullosos e independientes se la perderán.

Pablo ya no podía más cuando Dios le reveló personalmente la verdad de la cruz. Estoy convencido de que las revelaciones más auténticas de Dios solo llegan por medio del quebrantamiento y la derrota. El corazón humano es tan orgulloso y cabezota que trata de vivir sin Dios. Pero cuando un hombre ya no puede más, el Señor está allí para rescatar esa alma cansada y desesperada. El Salmo 107:2728 dice: *"Tiemblan y titubean como ebrios, Y toda su ciencia es inútil. Entonces claman a Jehová en su angustia, y los libra de sus aflicciones".*

¿Está usted hambriento y desea con desesperación que Dios lo libre del control del pecado?

Mi oración es que esta revelación no solo los libere a todos ustedes, que están cansados de los caminos destructivos del pecado, sino que ustedes se conviertan en un conducto para liberar a muchos otros. Creo que la revelación de la cruz hará que deseemos ¡gritar! Un grito de victoria. ¡Oh, Victoria! ¡Oh, Victoria! ¡Cristo me ha dado la victoria!

EL PODER DE DIOS QUE LIBERA AL HOMBRE

Pablo dijo que el mensaje de la cruz es poder de Dios (I Corintios1:18). Hace dos mil años la humanidad fue testigo de la mayor demostración de poder conocido. Dios, por medio de su Hijo Jesucristo, liberó a la humanidad de la fortaleza del pecado y de la muerte. Jesús hizo esto derramando Su sangre y muriendo de una forma cruel y tortuosa: en una cruz de madera.

Cristo dio voluntariamente su vida para la humanidad perdida. No fue tomada por ningún hombre ni demonio, sino que Él la dio voluntariamente. Juan 10:17-18 dice: *"Por eso me ama el Padre, porque yo pongo mi vida, para volverla a tomar. Nadie me la quita, sino que yo de mí mismo la pongo. Tengo poder para ponerla, y tengo poder para volverla a tomar. Este mandamiento recibí de mi Padre."* Mateo 27:50 dice: *"Mas Jesús, habiendo otra vez clamado a gran voz, entregó el espíritu".* La palabra que se traduce como *"entregó"* en griego es *"aphiemi"*, y significa *"abandonar, dejar, poner de lado"*. Jesús dejó, puso de lado su vida, voluntariamente.

El momento en que Jesucristo entregó Su vida en la cruz, el mundo experimentó una exhibición increíble de poder. Creo que ese poder se sintió literalmente en cada milímetro del planeta tierra, y probablemente en todo el universo.

La Biblia nos dice que hubo cinco eventos cataclísmicos cuando murió Cristo, el Hijo Unigénito de Dios. *"Y he aquí, el velo del templo se rasgó en dos, de arriba abajo; y la tierra tembló, y las rocas se partieron; y se abrieron los sepulcros, y muchos cuerpos de santos que habían dormido, se levantaron"* (Mateo 27:51-52).

1. Dios rasgó el velo del templo

El velo del templo, que los judíos pusieron en obediencia a un mandato de Dios, separaba el lugar santo del lugar santísimo, donde estaba la presencia de Dios. Representaba la separación entre el hombre pecador y un Dios santo.

El sumo sacerdote entraba en el lugar santísimo solamente una vez al año, durante el día de la expiación. Pasaba mucho tiempo preparándose antes de pasar al otro lado del velo. Se lavaba ceremoniosamente para purificarse por fuera. También confesaba y abandonaba todo pecado en su vida personal. Si entraba en el lugar santísimo con pecado en su corazón y en su vida podría morir. Un hombre pecador no puede entrar en la presencia de un Dios santo sin morir. ¡El velo estaba allí para proteger al pueblo de la santidad de Dios!

El sumo sacerdote entraba en el lugar santísimo el Día de la Expiación a las 9:00 de la mañana y a las 3:00 de la tarde para esparcir la sangre del sacrificio sobre el altar. La sangre de la mañana era por los pecados personales, y la sangre de la tarde era por el pecado de la nación.

Eran las 9:00 de la mañana cuando colgaron a Jesús en la cruz, y eran las 3:00 de la tarde cuando entregó el espíritu y murió. En ese preciso instante (3:00 p.m.), Dios rasgó el pesado velo del templo, rompiéndolo en dos partes de arriba a abajo. Hay eruditos bíblicos que calculan que el velo tenía un grosor de más de 10 cm. El velo rasgado significaba que Jesús había pagado el precio por los pecados de la humanidad Hebreos 4:16 nos dice:

"Acerquémonos, pues, confiadamente al trono de la gracia, para alcanzar misericordia y hallar gracia para el oportuno socorro". Sin el pecado separándonos de Dios podemos acercarnos con valentía a la presencia de un Dios santo, y todo eso porque la sangre de Jesús ha expiado el pecado de una vez y para siempre.

2. La tierra tembló

La segunda exhibición de poder increíble por parte de Dios cuando Jesús murió en la cruz fue un terremoto. ¡La muerte de Jesús en la cruz podría haber sacudido todo el mundo!

Esta conmoción de los cimientos de la tierra representaba un día nuevo para la humanidad. Los hombres ya no tendrían que seguir matando animales inocentes para la remisión del pecado; el Cordero de Dios fue asesinado, y el precio del pecado se pagó de una vez por todas. Se produjo un gran cambio en los cielos arriba y en la tierra abajo. Ahora estamos moviéndonos en una nueva dirección. El Antiguo Pacto (Ley), que Dios estableció con los hijos de Israel, terminaba ahora, y el Nuevo Pacto, establecido por la sangre de Jesús, comenzaba. Era y es un pacto mejor, un pacto eterno.

Hebreos 8:6 dice: *"Pero ahora tanto mejor ministerio es el suyo, cuanto es mediador de un mejor pacto, establecido sobre mejores promesas".* Este Nuevo Pacto no se hizo con la sangre de toros ni de cabras sino con la preciosa sangre del Cordero de Dios. Por medio del sacrificio de Jesús en la cruz Dios liberó a toda la tierra del poder del pecado.

3. Las rocas se partieron

Cuando Jesús murió en la cruz, la Biblia dice que las *"rocas se partieron".* Eso podría haber sido el resultado de un terremoto, pero simbólicamente podría significar más. Al igual que Moisés golpeó la roca, y salió agua de ella (Éxodo 17:6), la muerte de Jesús le trajo agua eterna (Juan 4:13-14) a un mundo seco y sediento.

Cuando los soldados romanos clavaron a Jesús en la cruz, le partieron las manos y los pies, y ya le habían partido la espalda cuando Pilatos le mandó azotar. Las Escrituras comparan a Cristo con una roca. De hecho, Pablo llega a decir que la Roca del desierto ¡era Cristo! *"y todos bebieron la misma bebida espiritual; porque bebían de la roca espiritual que los seguía, y la roca era Cristo"* (I Corintios10:4). El Salmo 40:2 dice: *"Y me hizo sacar del pozo de la desesperación, del lodo cenagoso; puso mis pies sobre peña, y enderezó mis pasos"*.

Jesús dijo que si no alabamos al Señor, las rocas gritarán (Lucas 19:40). Cuando Jesús murió en el Calvario, las rocas comenzaron a estallar y a rasgarse como diciendo *"¡Gloria a Dios; la humanidad puede ser libre!"*. Oh, el poder de la cruz, ¡no hay nada como él!

4. Los sepulcros se abrieron

El pasaje de Mateo dice que cuando Jesús murió en la cruz, se abrieron las tumbas de los santos que habían muerto antes. Esto representa el hecho de que por medio de la crucifixión de Jesús, la sentencia de muerte del pecado había sido pagada en su totalidad. La Biblia dice que la paga del pecado es muerte (Romanos 6:23), pero a causa de Cristo y lo que hizo en la cruz, ese pago ha sido satisfecho.

5. Muchos cuerpos de santos se levantaron

Los cuerpos muertos de muchos santos que dormían se levantaron (Mateo 27:52-53). Este es un punto interesante. ¡Los muertos volvieron a la vida no solo el día en que Jesús resucitó, sino también el día que pagó la deuda del pecado! Sin embargo, no se les permitió dejar sus tumbas hasta que Jesús resucitó el tercer día.

Mateo 27:52 nos muestra que la victoria sobre la muerte fue pagada por completo en la cruz en el Calvario; la cruz de Cristo derrotó al mayor enemigo del hombre: la muerte. I Corintios15:55 dice: *"¿Dónde está, oh muerte, tu aguijón? ¿Dónde, oh sepulcro, tu victoria?"*

No existe ningún poder que se pueda comparar ni siquiera remotamente con el poder transformador de vida de la cruz de Cristo. Cuando usted lo ve y depende exclusivamente de él, lo salvará y librará. Entonces y solo entonces encontrará usted la verdadera libertad.

Escuche las palabras del centurión romano y de quienes estaban a su alrededor y fueron testigos de los sucesos de la cruz. *"El centurión, y los que estaban con él guardando a Jesús, visto el terremoto, y las cosas que habían sido hechas, temieron en gran manera, y dijeron: Verdaderamente éste era Hijo de Dios".* (Mateo 27:54). ¡Este guarda romano pudo haber sido perfectamente uno de los hombres que pusieron los clavos en las manos y pies de Jesús, clavándolo a la cruz! No había ateos en la cruz del Calvario. El poder de la cruz literalmente sacudió el mundo, ¡y aún sigue sacudiéndolo más de dos mil años después!

LA REVELACIÓN DE QUIÉN ES JESÚS

Cuando Jesús les preguntó a sus discípulos *"¿Quién dicen los hombres que soy yo?"*, le contestaron: *"Ellos dijeron: Unos, Juan el Bautista; otros, Elías; y otros, Jeremías, o alguno de los profetas"* (Mateo 16:13-14). Entonces Jesús les preguntó: *"Y vosotros, ¿quién decís que soy yo?".* Pedro le contestó y dijo: *"Tú eres el Cristo, el Hijo del Dios viviente"* (Mateo 16:16).

Jesús le respondió a Simón Pedro y dijo: *"Bienaventurado eres, Simón, hijo de Jonás, porque no te lo reveló carne ni sangre, sino mi Padre que está en los cielos. Y yo también te digo, que tú eres Pedro, y sobre esta roca edificaré mi iglesia; y las puertas del Hades no prevalecerán contra ella"* (Mateo 16:17-18).

Toda la iglesia de Jesucristo está establecida sobre la revelación de quién es Jesús y qué hizo Jesús. El hombre no le puede revelar esto a ningún individuo. Solo el Padre puede hacerlo. Oremos entonces para que le muestre a usted la revelación de la cruz.

Creo que para recibir esta revelación de Dios, usted ha de ser un alma seca y sedienta que quiere conocer a Dios más profundamente y vivir una vida que le agrade. Creo que al llegar a este punto es realmente importante que se detenga un momento, ore y le pida a Dios que le dé la Revelación de la cruz. Quizá usted diga que ya la tiene. Bien, si usted realmente ha nacido de nuevo, entonces eso es cierto, ya que se refiere a la salvación del infierno.

Sin embargo, plantéese esta pregunta: *"¿Tengo la Revelación de la cruz para mi santificación?"*. ¿Está usted viviendo la vida cristiana victoriosa porque cree que lo que Cristo hizo en la cruz? Oremos para que Dios le otorgue la revelación de la cruz.

Amado Padre Celestial, vengo a ti en el nombre de Jesús. Humildemente te pido que de forma sobrenatural me hagas conocer la revelación de la cruz. Muéstrame el camino de la victoria que le diste a Pablo para que yo te pueda agradar en todo lo que diga y haga. En el nombre de Jesús. ¡Amén!

Capítulo ocho

La respuesta está en el mensaje de la cruz

Jesús vino a traerle libertad a toda la raza humana: libertad del infierno, libertad del pecado, y libertad del control del diablo sobre nuestras vidas. Marque en su Biblia los siguientes versículos:

- Juan 8:32—*"y conoceréis la verdad, y la verdad os hará libres"*.

- Juan 8:36—*"Así que, si el Hijo os libertare, seréis verdaderamente libres"*.

- Gálatas 5:1—*"Estad, pues, firmes en la libertad con que Cristo nos hizo libres, y no estéis otra vez sujetos al yugo de esclavitud"*.

La libertad del pecado y de las ataduras del diablo no se halla en ningún otro lugar más que en la cruz. En la cruz Jesús derrotó los principados y poderes que le tenían cautivo a usted. Cuando Jesús murió, pagó la deuda por el pecado y rompió el amarre que Satanás tenía en la raza humana. Satanás estaba guardando sus ofensas contra usted: sus pecados. Al igual que hace un fiscal en un juicio, estaba guardando todas las leyes de Dios que usted ha quebrantado, y le estaba diciendo a Dios que usted era culpable.

"Pero ahora en Cristo Jesús, vosotros que en otro tiempo estabais lejos, habéis sido hechos cercanos por la sangre de Cristo" (Efesios 2:13).

Su pecado lo ha alejado a usted de Dios, pero la sangre de Cristo lo ha acercado. La Biblia enseña que para que una parte culpable sea libre del pecado tiene que haber derramamiento de sangre, y que esa sangre ha de ser perfecta. Dicho con otras palabras: la paga del pecado es muerte (Romanos 3:23). Alguien tiene que satisfacer ese pago. O bien muere el pecador culpable, o alguien tiene que hacerlo en su lugar. Pero quien muere en su lugar debe ser libre de culpa de cualquier crimen (pecado), o el sacrificio no será aceptado.

II Corintios 5:21 dice: *"Al que no conoció pecado* (Cristo, que era perfecto y nunca pecó), *por nosotros lo hizo* (Dios Padre) *pecado* (la ofrenda por el pecado), *para que nosotros fuésemos hechos justicia de Dios en él"* (palabras en paréntesis añadidas).

La sangre derramada por Jesucristo en la cruz del Calvario nos ha liberado del amarre de Satanás. Hebreos 9:22 dice: *"Y casi todo es purificado, según la ley, con sangre; y sin derramamiento de sangre no se hace remisión".* Fue la perfecta sangre de Cristo, derramada, lo que proporcionó la remisión del pecado.

El diablo odia la cruz con vehemencia, y hará todo lo que pueda para alejar al mundo de ella. Tratará de confundir al creyente para hacerle creer que el poder de la cruz no es suficiente para romper el poder del pecado. Le mentirá al creyente y tratará de extraviarlo.

Tenemos que darnos cuenta de que han venido muchos falsos maestros —sobre todo en los últimos cincuenta años— a engañar al cuerpo de Cristo, y tenernos o bien desinformados o mal informados de todos los beneficios de la cruz. En la iglesia hay mucha gente que no estudia la Biblia. Tienen el conocimiento justo para ser salvos (si es que lo tienen), pero saben muy poquito sobre la cruz en términos de santificación (vivir de manera santa).

Fijémonos en dos pasajes bíblicos muy importantes que nos ofrecen la verdad de la cruz para que podamos conocer por completo lo que hizo Jesús por nosotros. Estos versículos le revelan la verdad al creyente para que Satanás no pueda seguir escondiendo de nosotros la revelación de la cruz.

Lucas 9:23 dice: "Y decía a todos: Si alguno quiere venir en pos de mí, niéguese a sí mismo, tome su cruz cada día, y sígame".

Muchos cristianos malinterpretan este versículo pensando que significa que tenemos que sufrir (llevar una cruz) para seguir a Jesús. Aunque ser cristiano traerá pruebas, tribulaciones y persecución, esto no es lo que proclama el versículo. Veamos con más detenimiento lo que está diciendo Jesús:

1. Niégate a ti mismo

Jesús está diciendo que para que una persona le siga, primero tiene que *"negarse a sí misma"*. Tiene que negar o su propia habilidad, poder y fuerza de voluntad, tiene que depender exclusivamente de Cristo. Muchos cristianos están intentando vivir la vida cristiana en sus propias fuerzas y habilidades. Esta es la razón por la que están fallando.

2. Toma tu Cruz

Tomar nuestra Cruz no significa que los creyentes tengamos que sufrir para ser aceptables a Dios, o que por medio del sufrimiento nos ganamos nuestras condecoraciones. No, tomar nuestra Cruz significa poner nuestra fe en Cristo y éste crucificado, y confiar exclusivamente en lo que Cristo hizo en la cruz. Tenemos que tomar (tener fe en) la obra terminada de lo que Cristo hizo en la cruz.

3. Diariamente

Nuestras vidas se viven día a día. La única forma de vivir una vida cristiana victoriosa es renovando diariamente nuestra fe en Cristo y éste crucificado. Con que nuestra fe se aleje de Cristo y de la cruz un solo día, ya fracasaremos. Por eso necesitamos tanto a Dios. No podemos ni siquiera llegar al final de un solo día sin que su poder nos fortalezca.

4. Y síguelo

Una vez que hemos rendido nuestra fuerza de voluntad y nuestras habilidades y que miramos exclusivamente la cruz de Cristo para obtener nuestra victoria diariamente, entonces sentiremos el poder de Su Espíritu para seguir de verdad a Cristo.

SALVACIÓN—¿DE QUÉ SOY REALMENTE SALVO?

"Porque por gracia sois salvos por medio de la fe; y esto no de vosotros, pues es don de Dios; no por obras, para que nadie se gloríe" (Efesios 2:8). Este pasaje nos dice cómo ser salvos. Vamos a fijarnos en las tres palabras claves de este pasaje: gracia, salvo, y fe para entender mejor cómo obtener la victoria sobre la paga del pecado y del poder del pecado.

SALVO

Esta palabra *"salvo"* significa más de lo que entienden la mayoría de los cristianos, y aquí es donde Satanás vela el mensaje de la cruz. La palabra *"salvo"* en griego es *"sozo"*, que tiene dos definiciones principales:

- La salvación espiritual y eterna otorgada por Dios a quienes creen en Cristo. Cuando creemos en Cristo, Dios nos salva de la condenación eterna que merecen nuestros pecados. ¡Hemos sido rescatados del infierno!

- La experiencia presente del poder de Dios para librarnos de las ataduras del pecado.

A causa de lo que Cristo hizo en la cruz, somos libres o salvos de que los poderes del pecado controlen nuestras vidas aquí en la tierra. En la Cruz, en el Calvario, Jesús nos proporcionó una doble cura; no solo pagó nuestra deuda por el pecado, sino que también rompió el poder del pecado sobre nuestra vida. ¡Gloria a Dios!

Como creyentes en Cristo y éste crucificado, no solo estamos camino del cielo a causa de la cruz, sino que podemos experimentar libertad del control del pecado aquí en la tierra. ¡Vale la pena proclamarlo!

Entonces, ¿por qué hay tan pocos cristianos que experimentan *sozo*, salvos del poder del pecado? La simple respuesta a esa pregunta es quizá hayan puesto su confianza en lo que Cristo hizo en la cruz (si realmente han nacido de nuevo) para ser salvos del infierno cuando mueran, pero no están confiando en lo que Cristo hizo en la cruz para que les libre del pecado ahora mismo.

Cuando decimos *"Soy salvo"*, ya no deberíamos pensar en nuestra salvación solo en términos de haber sido rescatados del infierno (aunque eso habría sido suficiente); sino también pensar: *"También soy salvo de que el poder del pecado controle y rija mi vida hoy"*.

¿Por qué no nos detenemos y celebramos ahora mismo una fiesta del Espíritu Santo basada en esta verdad? ¡Oh, alabado sea Dios! Tomemos un momento para decirle al diablo que ha sido derrotado en la cruz y que ya no estamos en régimen de servidumbre al miedo a la muerte o al control de los deseos pecaminosos. Estamos libres de las trampas del diablo, todo a causa de la sangre del Calvario. *"Así que, si el Hijo os libertare, seréis verdaderamente libres"* (Juan 8:36). ¡Por esta razón vino Jesús!

GRACIA

"Gracia" significa *"favor inmerecido"*. La gracia debería ser contemplada como la generosidad de una persona hacia otra: cuando alguien recibe algo bueno sin haber hecho

nada para merecerlo, e incluso habiendo hecho cosas que merecen un castigo en vez de una bendición. Pero el amor de esa persona es tan grande que, sin ninguna razón para ello, excepto el simple hecho de amor incondicional, ofrece regalos tan abundantemente que la mente se tambalea.

Dése cuenta de una cosa: una persona no santa nunca puede hacer nada que le garantice la aceptación de un Dios santo. No recibimos nuestra salvación porque la merezcamos o la hayamos ganado, sino por la sublime gracia de Dios. Este mero hecho elimina todos nuestros "derechos" a presumir. No hemos hecho nada para merecerlo sino todo lo contrario.

Recibimos gracia y misericordia del Señor. La diferencia entre gracia y misericordia es ésta: gracia es recibir de Dios lo que no merecemos; misericordia es no recibir de Dios lo que sí merecemos. Los creyentes recibimos un boleto gratis al cielo, además de poder para vivir en victoria sobre el pecado, cosa que no merecemos. No vamos al infierno y vivimos bajo el control del poder del pecado, cosa que sí merecemos.

FE

La vida cristiana victoriosa es un regalo. No se puede ganar. Recibimos el poder de Dios para darle la espalda al pecado *"por gracia mediante la fe"*. La fe es el medio por el que recibimos los regalos gratis de Dios. Pero lo que nos tenemos que preguntar es: *"Fe ¿en qué?"*. Ha de ser fe en Cristo y éste crucificado, o de lo contrario no es fe verdadera (I Corintios 2:2, Gálatas 3:1, 6:14).

En la Biblia nos encontramos con un hombre llamado Bartimeo. Era un mendigo ciego y no tenía nada que darle a Jesús. Pero Jesús lo sanó de su ceguera basándose en dos cosas. Clamó a Jesús pidiéndole misericordia, y tuvo fe en que Jesús lo sanaría (Marcos 10:46-52). Eso es lo único que hace falta para ser discípulo de Jesús: clámele a Él y crea en Él, y Él hará cosas grandes y poderosas en nuestras vidas.

Ese mendigo ciego es una representación de toda la humanidad. No vemos como deberíamos, y no somos capaces de curar nuestra propia ceguera. No somos más que mendigos ciegos, clamando a Dios pidiéndole que nos sane con su poder.

Cuando Bartimeo se enteró de que Jesús estaba pasando por allí, comenzó a gritar pidiendo ayuda. La gente que estaba a su alrededor le pidió que se calmara, pero la Biblia dice que gritó aún más alto. El mundo siempre le dirá a la persona que se calme y que no monte una escena, que no se vuelva demasiado fanática. Pero si Bartimeo hubiera hecho caso de esa plebe, nunca habría recibido su milagro. Dios actúa por medio de nuestra fe. La fe del hombre no es más que un grito pidiéndole ayuda a Jesús y creyendo que puede hacerlo.

USTED ESTÁ EN EL EQUIPO GANADOR—SI ESTÁ EN CRISTO

"Y a vosotros, estando muertos en pecados y en la incircuncisión de vuestra carne, os dio vida juntamente con él, perdonándoos todos los pecados, anulando el acta de los decretos que había contra nosotros [la ley], que nos era contraria, quitándola de en medio y clavándola en la cruz, y despojando a los principados y a las potestades, los exhibió públicamente, triunfando sobre ellos en la cruz". Colosenses 2:13-15

En griego la palabra *"triunfando"* es *"thriambeuo"*, que significa *"hacer una procesión aclamatoria"*; una celebración de victoria.

Todos los años el equipo que gana las Series Mundiales (béisbol) desfila por las calles de su ciudad de origen mientras sus fans celebran el triunfo arrojando confeti. En tiempos bíblicos, cuando un ejército derrotaba a otra nación solían capturar al rey derrotado. El día siguiente a la victoria, los ganadores celebraban un desfile con el rey de la nación derrotada metido en un carro y desnudo. Estaba atado a un poste y era llevado por la calle hasta pasar por delante del rey ganador, que estaba en su trono victorioso. El pueblo gritaba victorioso cuando su rey veía al rey derrotado siendo mostrado en ese estado vergonzoso.

Esta es la misma imagen que la Biblia usa para describirnos que en la cruz Jesucristo exhibió públicamente al diablo y a todos sus demonios, triunfando sobre ellos. La próxima vez que el diablo venga llamando a su puerta, usted no tiene más que decirle: *"Diablo, vamos al espectáculo"*. Llévele a la cruz y recuérdele que por causa de la cruz, él ha sido despojado por Cristo y ahora es exhibido por la calle, derrotado. Recuérdele que en la cruz fue convertido en un espectáculo público por lo que Jesucristo hizo allí.

Todo creyente ha sido liberado del poder del pecado. Eso debería convertirnos a todos los creyentes en Cristo en testigos valientes para un mundo perdido. No vamos a ir al infierno, y ya no somos siervos de ningún pecado que Satanás pueda poner en nuestro camino, porque somos redimidos por la Sangre del Cordero, que fue derramada en la cruz.

Hoy día hay muchas personas que viven en servidumbre al pecado. El pecado está destruyendo sus matrimonios, sus familias, sus futuros y sus vidas. Pero tenemos la respuesta que los puede liberar y salvar sus vidas. Es el mensaje de la cruz. Todo creyente debería desear gritarlo desde el tejado: ¡Tenemos el mensaje que puede curar la humanidad!

Efesios 1:7 dice: *"en quien [Cristo] tenemos redención por su sangre, el perdón de pecados según las riquezas de su gracia"*. La Palabra *"redención"* significa *"dejar libre a cambio de un pago o rescate"*. Por causa del pecado, usted y yo éramos cautivos del diablo, pero en la cruz Jesucristo pagó el rescate para que nuestras almas pudieran ser libres. ¡Estamos redimidos! Deberíamos darle gracias a Dios diariamente por la cruz de Cristo.

EL MENSAJE PRINCIPAL DE LA BIBLIA

Desde Génesis a Apocalipsis vemos la cruz. La Biblia comienza enfatizando el sacrificio (Génesis 3:21, 4:4), y la Biblia termina enfatizando el sacrificio. En Apocalipsis la Biblia dice:

"Después me mostró un río limpio de agua de vida, resplandeciente como cristal, que salía del trono de Dios y del Cordero. En medio de la calle de la ciudad, y a uno y otro lado del río, estaba el árbol de la vida, que produce doce frutos, dando cada mes su fruto; y las hojas del árbol eran para la sanidad de las naciones. Y no habrá más maldición; y el trono de Dios y del Cordero estará en ella, y sus siervos le servirán"
Apocalipsis 22:1-3.

Juan recibió la visión del cielo; fíjese en el árbol de la vida. El árbol de la vida, que estaba en el huerto de Edén, está ahora en el cielo. La Biblia dice que este árbol de la vida representa la vida eterna (Génesis 3:22). Cuando Adán y Eva desobedecieron y comieron del árbol del bien y del mal, eso les trajo la muerte a ellos y a toda la raza humana. Pero cuando Cristo murió en el *"árbol"*—la cruz— volvió a comprar vida para toda la humanidad. I Pedro 2:24 dice que Jesús *"llevó él mismo nuestros pecados en su cuerpo sobre el **madero** [árbol], para que nosotros, estando muertos a los pecados, vivamos a la justicia; y por cuya herida fuisteis sanados".* En el árbol, Adán y Eva perdieron su caminar con Dios, pero en el árbol del Calvario, el hombre volvió a encontrar su camino a Dios.

La palabra *"Cordero"* aparece dos veces en estos tres versículos. Hablan de Jesús y de lo que hizo en la cruz por nosotros. Juan Bautista, al ver a Jesús por primera vez, lo llamó Cordero de Dios (Juan 1:29). Jesucristo y lo que hizo en la cruz es el tema central no solo de la Biblia sino del cielo para toda la eternidad.

EL FALSO EVANGELIO

En la iglesia moderna de hoy, el evangelio ha sido tan pervertido que muchos no saben o no pueden explicar claramente ni lo que es. Todas las falsas doctrinas suelen caer en una de estas dos categorías:

1. Negar la deidad de Jesucristo. Enseñar que Jesús, aunque es el Hijo de Dios, no es Dios.
2. Mezclar gracia y ley, o fe y obras.

En Gálatas 1:6-7, Pablo dijo lo siguiente: *"Estoy maravillado de que tan pronto os hayáis alejado del que os llamó por la gracia de Cristo, para seguir un evangelio diferente. No que haya otro, sino que hay algunos que os perturban y quieren pervertir el evangelio de Cristo".* Los judaizantes (judíos que enseñaban la ley mosaica) del día estaban explicándole a la gente que creía en Jesús que aún estaba obligada a guardar la ley aun cuando había llegado a Cristo. Los judaizantes caían definitivamente en la segunda categoría.

Pablo estaba reprimiéndoles a los gálatas por haberse alejado del verdadero evangelio a cambio de otro evangelio, uno pervertido que añadía Ley a la Gracia. Sabemos que el verdadero evangelio es el evangelio de Cristo (Gálatas 1:7). ¡El verdadero evangelio es todo acerca de Jesucristo y éste crucificado!

En I Corintios15:1-2 leemos: *"Además os declaro, hermanos, el evangelio que os he predicado, el cual también recibisteis, en el cual también perseveráis; por el cual asimismo, si retenéis la palabra que os he predicado, sois salvos, si no creísteis en vano".*

Pablo le recordó a la iglesia de Corinto que el evangelio que él predicaba traía salvación, y que tenían que guardar ese evangelio en la memoria. Satanás siempre va a tratar de distorsionar el verdadero evangelio y alejar al creyente de la verdadera fe.

Cuando alguien le pregunte *"¿qué es el evangelio?"*, usted puede decirle directamente que es Jesucristo y éste crucificado, enterrado y resucitado de entre los muertos. ¡Ese es el evangelio de Cristo!

Su fe personal en el evangelio de Cristo es lo que lo salva de la ira eterna y del dominio del pecado. Si usted cree que Jesucristo murió en la cruz por sus pecados, que fue sepultado por usted, y que tres días después resucitó de entre los muertos para darle una nueva vida, será salvo. Una fe personal en el evangelio de Cristo es lo que lo justifica a usted y lo salva del juicio eterno.

Pablo dijo que cualquiera que añadiera o quitara algo del verdadero evangelio debería ser excomunicado (se le debería impedir tener compañerismo con verdaderos creyentes). En Gálatas 1:8 Pablo dice: *"Mas si aun nosotros, o un ángel del cielo, os anunciare otro evangelio diferente del que os hemos anunciado, sea anatema."*

Pervertir el evangelio de Cristo es un crimen muy serio. Es muy serio porque aquí estamos tratando con la eternidad, el lugar en el que hombres y mujeres vivirán por siempre y para siempre. ¡Cambiar el evangelio podría significar mandarlos al infierno!

EVANGELIO DE CRISTO

La Biblia dice: *"Y recorrió Jesús toda Galilea, enseñando en las sinagogas de ellos, y predicando el evangelio del reino, y sanando toda enfermedad y toda dolencia en el pueblo"* (Mateo 4:23).

¿Cuál es el evangelio del reino que predicaba Jesús? No es solo salvación para el alma sino también para el cuerpo. Aun cuando hay quien afirma que las sanidades terminaron con los apóstoles, la Palabra de Dios dice justo lo contrario. El evangelio del reino es todo lo que Cristo adquirió en el Calvario y por medio de la resurrección. Es la sanidad del alma, la mente y el cuerpo. Jesús realizó una obra completa en la cruz.

Por desgracia, la mayor parte de lo que hoy pasa por ser el evangelio no es el evangelio en absoluto, sino una versión aguada y comprometida. Este *"evangelio moderno"* carece de la verdad y del poder del Espíritu Santo. Hemos de regresar al Evangelio sincero, leal, que pisotea al Diablo y que está lleno del Espíritu Santo. De una forma seria hemos de luchar por la fe que les fue dada una vez a los santos (Judas 3). Hemos de predicar el mismo evangelio que fue predicado en el libro de Hechos: Cristo crucificado y resucitado de los muertos (véase el libro de Hechos).

Capítulo nueve

¿Qué debo hacer para caminar en el Espíritu?

Una vez recibida la revelación de la cruz, Pablo entiende cómo opera el Espíritu Santo, y entonces escribe el gran capítulo ocho de Romanos. El apóstol comparte sus ideas sobre cómo vivir una vida cristiana victoriosa.

Pablo dijo: *"ninguna condenación hay para los que están en Cristo Jesús"*. Pablo no basa su declaración de *"ninguna condenación"* en la conducta moral del creyente sino en su posición en Cristo. Pablo vio que su posición en Cristo lo había liberado del convincente poder de la naturaleza malvada. Lo hacía participante en la naturaleza divina, una nueva condición interna que producía una vida de obediencia a Sus mandamientos.[1] Pablo estaba operando en fe y no en obras. Estaba bajo la Gracia y no la Ley.

Pablo obviamente había vivido bajo condenación del maligno por su estilo de vida hipócrita. El diablo tormenta a los cristianos que están luchando con el pecado, esperando que su frustración y culpa les haga rendirse. Por desgracia, sucede en muchos casos.

Pero Pablo vio la victoria completa en la cruz, y dejó de mirarse a sí mismo y a lo que tenía que hacer para vivir la vida cristiana. Esta fe mal colocada le había llevado a la derrota y a la condenación. Ahora tenía los ojos puestos en Jesús, en el Único que es perfecto y nunca pecó. Los cristianos que están caminando en derrota han quitado los ojos de Cristo y de la cruz y los han puesto en ellos

111

mismos y en sus propios esfuerzos vanos para derrotar el pecado.

El creyente tiene que regresar a su primer amor y volver a poner los ojos en Cristo. Una persona que se enfoca en Cristo y en el sacrificio que éste hizo para redimirle comenzará a sentir una nueva convicción de vivir para Dios y no para satisfacer los deseos de la carne.

EVANGELIO DEL EGO

Gran parte de la predicación y de las enseñanzas de la iglesia de hoy día está centrada en el ego, en cómo tener más éxito, ser más prospero, estar más satisfecho, etc. Pero la Biblia no se centra en el ego. De hecho, la Biblia nos dice que lo crucifiquemos (Gálatas 2:20). Jesús dijo que quien quisiera ser su discípulo, primero tenía que *"negarse a sí mismo"* (Lucas 9:23).

En la TV o en las librerías cristianas usted verá mucho énfasis en mejora personal. Pero el enfoque del cristianismo no debería estar en uno mismo sino en Cristo. Un cristiano más exigente puede percatarse del evangelio falso de hoy. Recuerde que el plan original de Satanás con Eva fue hacerle apartar los ojos de Dios, causar descontento en su corazón, y plantar la idea de que ella podría ser más. Cuando Eva comió del árbol del bien y del mal, la serpiente le dijo que sería *"como Dios"* (Génesis 3:5).

Satanás no ha cambiado sus tácticas. Todavía nos miente y trata de causar descontento en nuestros corazones. Quiere que pongamos los ojos en nosotros mismos. Quiere que constantemente tratemos de ser más de quienes somos. Quiere que el pastor se enfoque en cuánta gente tiene en la iglesia, y qué puede hacer para crecer en número. Quiere que el conferenciante se enfoque en cuánto dinero puede ganar gracias a su elocución. Quiere que el escritor se enfoque en cuántos libros puede publicar. Quiere que el cantante o grupo musical siga lanzando álbumes nuevos por el bien de su fama y de su éxito económico. Quiere hacerle pensar al cristiano que si mejora conseguirá más, ganará más, y se sentirá mejor con respecto a sí mismo.

Pero la Biblia nos enseña que muramos a nosotros mismos y le permitamos a Cristo fortalecerse en nuestras vidas para que el mundo lo vea y lo glorifique. Pablo les dice a quienes están en Cristo, refiriéndose a que su fe está en Él, que no hay condenación porque están caminando en victoria sobre el pecado. El Espíritu Santo fluye, y ellos caminan de otra forma. La clave es estar *"en Cristo"* por fe. Es nuestra posición en Cristo y no nuestro rendimiento lo que nos da la victoria sobre el pecado.

LA REVELACIÓN RE LA CRUZ

Cuando alguien entiende la revelación de la cruz, como le pasó a Pablo, el caminar de dicha persona cambia. ¿Por qué? Porque el río del Espíritu fluye. Se ha roto el deseo de satisfacer los deseos de la carne.

Si usted es siervo del pecado ahora mismo, la respuesta que usted necesita es el mensaje de la cruz. No importa cuál sea el pecado, su única respuesta es creer total y completamente en lo que Jesús hizo en la cruz para romper su adicción. En la cruz, Jesús derrotó ese pecado y su poder sobre su vida. Si usted es creyente en Cristo, no tiene por qué trabajar para ser libre de su adicción; sólo tiene que creer que ya ha sido liberado de ella por lo que Jesucristo hizo en la cruz hace 2.000 años. Él tomó consigo su pecado individual a la cruz y lo clavó allí. Su sangre derramada lo libra del poder de ese pecado. La cuestión es: *"¿Lo cree usted?".*

UN EJEMPLO PODEROSO

Una señora que tenía muchos problemas llegó a nuestra iglesia; después de un culto se me acercó para pedirme ayuda. Se había casado con y divorciado del mismo hombre dos veces. Ahora estaba pensando en casarse con él una tercera vez. Cuando era niña, su padrastro había abusado de ella. Cada vez que ella se casaba y vivía con este hombre, sus gestos le recordaban los del padrastro abusivo. Esos recuerdos la hundían en una depresión, y ella se cerraba, lo que causaba todo tipo de problemas en su matrimonio.

Había ido a consejería durante muchos años. Recibió consejos de los mejores psicólogos seculares que encontró, pero eso no la liberó. Muchos consejeros cristianos trataron de ayudarla, pero ella seguía atada a su horrible pasado.

Tuve una conversación con esta querida señora y con su ex-marido para escuchar sus problemas. Una de mis primeras preguntas fue: *"¿Qué te está diciendo tu consejero?".* En esa época ella estaba viendo a uno de los supuestamente mejores consejeros cristianos de la zona. Me respondió: *"Pues me dice que estoy mejorando y que me falta menos para hacer la oración de liberación."*

Yo le dije a esta querida hermana: *"No tienes que prepararte para hacer la oración de liberación, ya has sido liberada por medio de lo que Cristo hizo por ti en la cruz hace 2.000 años. ¡SOLO TIENES QUE CREERLO!".*

Durante los siguientes 20-25 minutos le hice un recorrido por las Escrituras (sobre todo Romanos, capítulos 6 al 8), mostrándole que Jesús ha derrotado todo pecado y atadura en la cruz. Le dije que la batalla por su pasado no se ganaba por lo que ella pudiera hacer para superarla sino por creer lo que Jesús hizo en la cruz por ella. Su victoria no iba a llegar por nada que ella pudiera hacer, sino que su victoria estaba completa por la obra terminada de Cristo en la cruz. Le dije que era su fe en lo que Cristo hizo en la cruz lo que le daría la victoria sobre la depresión, el dolor y la amargura.

Después de esto oramos, y mientras rezábamos, el Señor le dio una revelación de la cruz. Tuvo realmente una visión de una cruz de madera que se le acercaba y le perforaba el corazón. Vio que la cruz le sanaba su corazón roto y amargado. En ese momento esa dama fue liberada instantáneamente. Lo que no hicieron veinte años de consejería, Jesús lo hizo en veinte minutos una vez que ella entendió bien y creyó en lo que Cristo hizo en el Calvario por ella. La revelación de la cruz la liberó. ¡Gloria a Dios! Esta mujer es una de las mujeres más fieles de nuestra iglesia, y quiere escribir un libro sobre su liberación. ¡Aleluya!

¡No somos liberados por lo que hacemos sino por lo que creemos! Juan 8:32 dice: *"y conoceréis la verdad, y la verdad os hará libres".* La gloriosa verdad de Jesucristo y éste crucificado es la respuesta a todos nuestros problemas, ataduras y vicios que tratan de encerrarnos y destruirnos.

Podría parecer que esta respuesta es demasiado simple. El evangelio es fácil de entender pero difícil de creer. Desde que éramos niños nuestras mentes carnales han sido entrenadas en que tenemos que hacer algo para ser salvos y liberados.

Si usted está luchando con el pecado y éste está destruyendo su caminar con Dios, y quizá está destruyendo su matrimonio, entonces este libro le está presentando la respuesta a su problema. Pero usted debe recibir la revelación de Dios y creerla de verdad. Cuando Pedro confesó que Jesús era el Cristo, el Hijo del Dios vivo, Jesús respondió diciendo: *"no te lo reveló carne ni sangre, sino mi Padre que está en los cielos"* (Mateo 16:17).

TODO EL MUNDO NECESITA UN MOMENTO DE "HOMBRE MISERABLE"

Al igual que Pablo, toda persona necesita un momento de "hombre miserable". Usted tiene que llegar al límite de sus fuerzas, levantar las manos, y decirle a Dios que ya no va a tratar en sus propias fuerzas de vivir la vida cristiana ni de ser un discípulo fiel de Cristo. Todos nuestros esfuerzos se quedan cortos.

Ahora mismo, muchos cristianos están viviendo un estilo de vida hipócrita. Van a la iglesia, y la gente ve que son cristianos, pero en lo profundo, la mayoría de ellos está librando una batalla perdida contra el pecado. Están viviendo un ciclo de pecar y arrepentirse, pecar y arrepentirse. Si se supiera la verdad, la mayoría de las vidas de los cristianos no reflejan la vida cristiana victoriosa que Jesús les otorgó por medio de su muerte.

Sin embargo, si aprendemos cuál es el camino adecuado a la victoria, tal y como está esbozado en la Biblia, entonces —y solo entonces—experimentaremos una verdadera victoria sobre el pecado. Debemos llegar a la misma revelación de la cruz que tuvo Pablo, o no hay esperanza de vivir en libertad sobre el pecado. Aquí tenemos un esbozo breve del camino bíblico a la liberación del pecado.

1. Humíllese. Reconozca que no puede vivir la vida cristiana. Llegue a su momento de "hombre miserable". La iglesia de Laodicea se aferró a su orgullo y pensó que como tenía dinero les estaba yendo bien. Pero Jesús les mostró su verdadera situación. *"Porque tú dices: Yo soy rico, y me he enriquecido, y de ninguna cosa tengo necesidad; y no sabes que tú eres un desventurado, miserable, pobre, ciego y desnudo"* (Apocalipsis 3:17).

Dios quiere que reconozcamos que lo necesitamos y que lo necesitamos cada día. El orgullo es una cosa terrible, pues dice *"No necesito la ayuda de nadie, lo puedo hacer solo".*

Humillarse y reconocer sus debilidades e inhabilidad para ser libre atraerá al Espíritu Santo hacia usted y le otorgará su sublime gracia. La Biblia enseña que *"Dios resiste a los soberbios, y da gracia a los humildes"* (Santiago 4:6, Proverbios 4:34). A Dios le atrae la debilidad: *"Bástate mi gracia; porque mi poder se perfecciona en la debilidad."* (II Corintios 12:9).

2. Arrepiéntase—El segundo paso en el camino hacia la victoria sobre el pecado es arrepentirse de todas sus ideas y formas de ser libre. Las ideas seculares y los métodos de auto-ayuda son un reproche a Cristo. Usted tiene que reconocer que todos nuestros métodos están equivocados. No existe ningún programa ni método de 12 pasos que le pueda liberar. Pídale a Dios que le perdone por tratar de seguir otro camino que no sea la cruz. Confiese ante Dios que su forma de hacer las cosas no ha funcionado, y que solo Cristo y lo que hizo en la cruz le pueden liberar.

3. Acepte la Gracia de Dios. Usted y yo tenemos que aceptar su gracia gratuita para nuestro problema con el pecado. Dése cuenta de que usted no tiene que hacer ninguna obra religiosa para ser libre, sino solo recibir el regalo gratuito de Dios de liberación por medio de la fe en Cristo. Pablo lo explicó perfectamente: *"No desecho la gracia de Dios; pues si por la ley fuese la justicia, entonces por demás murió Cristo"* (Gálatas 2:21). Párese a pensarlo: si usted pudiera liberarse por su propio poder y fuerza de voluntad y guardar las leyes de Dios, ¿por qué habría de venir Jesús y morir de una forma tan cruel? Si usted era incapaz de vivir para Dios antes de ser salvo, ¿qué le hace pensar que ahora sí puede hacerlo, a no ser que se trate del poder del Señor?

4. Ponga su Fe exclusivamente en Cristo y éste crucificado. Dése cuenta de que usted fue liberado en la cruz hace dos mil años. Aquí es donde se ganó la victoria sobre el pecado. Cualquier pecado que le haya tenido trabado ha de inclinarse ante el nombre de Jesucristo. Todo espíritu de oscuridad y toda doblez pecaminosa de nuestra naturaleza de pecado fueron derrotados en la cruz. Por muy fuerte que sea la garra de

Satanás en su vida, la tendrá que aflojar en cuanto su fe sea depositada por completo en la sangre derramada de Cristo.

LOS HIJOS DE ISRAEL

¿Recuerda cuando los hijos de Israel fueron liberados de la esclavitud en Egipto? Ese es un ejemplo físico de nuestra liberación espiritual. Por muchas plagas que Dios le mandara a Faraón, éste seguía sin liberar a los hijos de Israel. Esas plagas tan terribles de convertir el agua en sangre, la invasión de ranas, los tábanos, los mosquitos, los animales muriendo, las úlceras, el granizo, las langostas y los tres días de completa oscuridad no pudieron aflojar la mano de Faraón sobre los israelitas. Faraón no los quería soltar.

No lo hizo hasta la décima plaga, la muerte de los primogénitos. La muerte llegó sobre Egipto, golpeando y matando a todo primogénito varón. Las familias hebreas untaron con sangre de cordero los dinteles de sus puertas para que cuando pasara el ángel de la muerte y viera la sangre no matara a los primogénitos. Estamos ante una imagen de nuestra salvación y de nuestra victoria sobre el pecado. La liberación de Israel de las ataduras de la esclavitud se logró por medio de la sangre de un cordero, que presagiaba la sangre derramada de Jesús. El hijo de Dios que hoy esté esclavizado por la garra del pecado también es liberado por la sangre del Cordero.

Faraón era un tipo de Satanás, y los hijos de Israel nos representan a usted y a mí. Faraón no aflojó la mano fácilmente, y tampoco lo hará Satanás. Pero si el hijo de Dios no aparta su fe de Cristo y éste crucificado, ¡el diablo tiene que abrirla! ¡Alabado sea Dios! Por eso Pablo explicó: *"Pues me propuse no saber entre vosotros cosa alguna sino a Jesucristo, y a éste crucificado"* (I Corintios 2:2).

Satanás tiene que inclinarse ante la sangre de Cristo. Esto y solo esto es lo que suelta la garra que tiene en la humanidad. Tal y como dice un viejo himno, *"Querido Cordero moribundo, tu preciosa sangre nunca perderá su poder hasta que toda la iglesia redimida de Dios estará a salvo de no pecar más".*

El consejo humano que no enfatice ni dependa totalmente de la sangre de Cristo para liberar al prisionero (no importa qué tipo de prisión sea) es consejo erróneo y no liberará a nadie. Una buena consejería cristiana siempre nos llevará a la Palabra de Dios y a enseñar el mensaje de la cruz. No le añadirá nada a la cruz. Lamentablemente, algunos consejeros cristianos de hoy son como los judaizantes de los días de Pablo. Creen en la Cruz, pero no creen que la Cruz sea suficiente, así que a la gracia le añaden ley.

Pero Pablo les increpó lo siguiente a los cristianos gálatas que estaban creyendo a los judaizantes: *"¡Oh gálatas insensatos! ¿quién os fascinó (os engañó) para no obedecer a la verdad, a vosotros ante cuyos ojos Jesucristo fue ya presentado claramente entre vosotros como crucificado?"* (Gálatas 3:1).

Hoy día hay muchos falsos maestros que han "embrujado" a los creyentes para que crean que la Cruz de Cristo no es suficiente. Enseñan que usted debe hacer algo más que sólo creer en Cristo y éste crucificado. Pablo añadió en el siguiente versículo: *"Esto solo quiero saber de vosotros: ¿Recibisteis el Espíritu por las obras de la ley, o por el oír (el mensaje del evangelio) con fe (creer)?"* (Gálatas 3:2).

Pablo les está señalando a los creyentes gálatas que no deben dejar de creer el mensaje del evangelio y pasar a confiar en sus propias habilidades para guardar la ley de Dios. Les anima a seguir creyendo el mensaje del evangelio, el mensaje de Cristo crucificado y resucitado de entre los muertos como única solución para el pecado.

Pablo lo explica aún mejor en el siguiente versículo, al preguntar: *"¿Tan necios sois? ¿Habiendo comenzado por el Espíritu, ahora vais a acabar por la carne?"* (Gálatas 3:3).

119

Como creyente en Cristo, usted no debe depender o confiar en la carne. No cuente con sus propias habilidades, fuerza de voluntad o rendimiento para derrotar a la naturaleza pecaminosa o a los poderes infernales. Hacerse "cruzcéntrico" y mirar la Cruz es su única solución para el pecado. Desde Génesis hasta Apocalipsis, la Cruz es el tema principal de la Biblia. El diablo ha hecho un buen trabajo a la hora de alejar a la iglesia moderna de la sangre de Cristo. Debemos volver a la Cruz y confiar en lo que hizo allí Jesús como única solución para el pecado y única manera de vivir la vida cristiana victoriosa. La gracia de Dios se derrama en el creyente que no depende de obras para ganar su propia victoria, sino que cuenta con el favor inmerecido de Dios para obtenerla.

Cuando recibimos verdaderamente la revelación de la Cruz del Señor, no queremos enfatizar nada que no sea la Cruz. Solo tendremos una idea en la mente, y no nos gloriaremos en nada que no sea la Cruz de Cristo (Gálatas 6:14).

Cómo opera el Espíritu Santo

Hablemos ahora de cómo opera el Espíritu Santo y de cómo nos da la victoria que buscamos. Los cristianos malinterpretan cómo caminar en el poder del Espíritu Santo. La respuesta de la Biblia para superar las adicciones de este mundo es por y a través del poder del Espíritu Santo. La Biblia nos enseña que no obtenemos la victoria por poder humano sino por el Espíritu de Dios (Zacarías 4:6).

Gálatas 5:16 dice: *"Andad en el espíritu, y no satisfagáis los deseos de la carne".* Este versículo revela el camino a la victoria: caminar en el poder del Espíritu Santo. Sin embargo, ¿se ha detenido usted a plantearse la pregunta "cómo camino en el espíritu?". Esa pregunta es la más importante que se hará el creyente, y la respuesta es la más importante que jamás necesitará.

El creyente en Cristo debe entender cómo funciona el Espíritu Santo, qué lo mueve, qué lo contrista, qué entristece su poder y qué le agrada. Estas verdades del Espíritu son de suma importancia para que el creyente viva una vida cristiana victoriosa.

En Efesios 1:17-19, Pablo ora así: *"para que el Dios de nuestro Señor Jesucristo, el Padre de gloria, os dé espíritu de sabiduría y de revelación en el conocimiento de él, alumbrando los ojos de vuestro entendimiento, para que sepáis cuál es la esperanza a que él os ha llamado, y cuáles las riquezas de la gloria de su herencia en los santos, y cuál la supereminente grandeza de su poder para con nosotros los que creemos, según la operación del poder de su fuerza".*

Para poder caminar en victoria, todo creyente en Cristo debe poseer la sabiduría, revelación y conocimiento del Señor. El diablo hará todo lo posible para esconder del creyente estas verdades poderosas del Espíritu Santo. El diablo sabe que el Espíritu Santo es la fuente de poder para la victoria.

La Biblia no nos promete que no vayamos a ser tentados por la carne. Al contrario, la Biblia nos advierte que seremos tentados. Sin embargo, si andamos en el espíritu, la Biblia nos promete que no llevaremos a cabo los deseos de la carne (Gálatas 5:16). Como el poder del Espíritu Santo es mayor que el poder del diablo tenemos potestad para darle la espalda al pecado El poder de nuestra naturaleza pecaminosa es derrotado por la presencia de la naturaleza divina que vive y trabaja dentro de nosotros.

Romanos 8:4 dice: *"para que la justicia de la ley se cumpliese en nosotros, que no andamos conforme a la carne, sino conforme al Espíritu".* La palabra griega para "caminar" es "peripateo", "ordenar el comportamiento o conducta". La palabra "conforme" es "kata", la raíz significa "abajo", lo que sugiere dominación. Un verdadero cristiano ordena su conducta de tal manera que el Espíritu Santo dirige su vida, lo que produce una vida justa o santificada. El creyente no está dominado por la naturaleza pecaminosa.

Una vida justa sólo puede venir por y a través del Espíritu Santo. Pablo estaba contando en Romanos 7 que él había intentado vivir por la ley, y que sólo conoció el fracaso. Pero cuando recibió la revelación de la Cruz, empezó a comprender cómo opera el Espíritu Santo. El Espíritu Santo trabaja totalmente dentro de los parámetros de nuestra fe en Cristo y éste crucificado. Cuando entendemos esto, comenzamos a experimentar una vida justa y santa producida por el espíritu.

El Espíritu Santo opera por gracia y no por obras. Nuestra salvación en Cristo, que incluye la victoria sobre el pecado, llega a nosotros por medio del Espíritu, y el Espíritu opera *"por gracia... por medio de la fe"* (Efesios 2:8- 9). Andar en el Espíritu significa que organizamos nuestro comportamiento continuamente en Cristo (fe en Él y lo que hizo en la cruz).

NO APARTE LOS OJOS DE JESÚS

Cuando un creyente aparta los ojos de Cristo y lo que éste ha hecho por él en la Cruz, comienza a vivir su vida cristiana por ley. La ley del pecado y de la muerte comienza a dominar su vida una vez más; y si no se arrepiente, el creyente puede deslizarse hacia un estilo de vida que se parece mucho a la vida que vivió antes de ser salvo. Empezará a vivir su vida cristiana en la carne y no en el Espíritu.

La carne es la naturaleza pecaminosa que reside en nosotros. Nuestra carne es también nuestra fuerza de voluntad y capacidad. La Biblia nos dice que nuestra carne es débil. Jesús dijo: *"el espíritu a la verdad está dispuesto, pero la carne es débil"* (Marcos 14:38).

¿Recuerda cuando Jesús animó a Pedro a que saliera de la barca, y éste comenzó a caminar sobre el agua hacia Jesús? Cuando Pedro apartó los ojos de Jesús para mirar las olas que había a su alrededor fue cuando comenzó a hundirse (Mateo 14:30). La clave para vivir la vida cristiana victoriosa es mantener nuestros ojos en Jesús Cristo y éste crucificado.

Si los creyentes apartan los ojos de Jesús comenzarán a hundirse y a estar bajo condenación (tanto por el diablo como por sus propias conciencias) porque han cortado el flujo del espíritu. Se podría decir que han caído de la gracia (Gálatas 5:4), porque no están buscando la gracia y su confianza en Cristo y en la Cruz para tener la victoria. Este es un estado miserable porque no hay victoria sino solo derrota y condena. Es una sensación terrible la de hundirse y sentir que uno se está ahogando.

Pablo conocía este sentimiento cuando escribió *"¡Miserable de mí!".* Pero una vez entendió cómo funcionaba la salvación (tal y como lo explicó en Romanos 6), experimentó la victoria del Espíritu trabajando para conquistar su naturaleza pecaminosa. Todo esto fue posible por su fe en Cristo y éste crucificado.

El Espíritu Santo comenzó a fluir libremente en la vida de Pablo porque éste cambió su dependencia de "yo" a Cristo. Entonces el Espíritu Santo comenzó a ser su énfasis, como vemos en Romanos 8, donde la palabra "espíritu" aparece 16 veces. El Espíritu Santo produjo una nueva energía en la vida de Pablo, dándole el deseo de hacer la voluntad de Dios. En pocas palabras, ese es el mensaje de Romanos 6. El Espíritu Santo trabaja total y completamente dentro de los parámetros de nuestra fe en Cristo y lo que éste ha hecho por nosotros por medio de de su muerte, sepultura y resurrección (Romanos 6:3-4).

LAS COSAS DEL ESPÍRITU

Nuestra fe en Cristo está muy conectada con nuestra mente. La fe emana del corazón y es producida por el Espíritu; cambia nuestra mente (nuestra forma de pensar). Romanos 8:5 dice: *"Porque los que son de la carne piensan en las cosas de la carne; pero los que son del Espíritu, en las cosas del Espíritu".*

Quien peca habitualmente tiene la mente puesta en las cosas que le agradan a su naturaleza malvada. Ese es el estilo de vida de una persona inconversa. Pero el verdadero creyente en Cristo vive según el Espíritu y las cosas del Espíritu. ¿Por qué? Porque la naturaleza divina es activa y está en funcionamiento.

Antes de ser salvo, yo no tenía ningún deseo de leer la Biblia, y mucho menos de estudiarla. Sin embargo, el día de mi salvación, la Biblia se convirtió instantáneamente en mi libro favorito. Lo que antes no entendía tenía ahora todo el sentido del mundo. ¿Por qué? Porque había llegado la naturaleza divina (II Pedro 1:4), y el Espíritu Santo estaba allí para ayudarme a entender las Escrituras (Juan 14:26).

La mente de un incrédulo está puesta en las cosas que agradan a la carne. Sin embargo, el cristiano tiene su mente en las cosas del espíritu. Romanos 8:6 dice: *"Porque el ocuparse de la carne es muerte, pero el ocuparse del Espíritu es vida y paz".*

Las palabras *"pensar las cosas de la carne"* significan literalmente "tener la mente de la carne". La carne se refiere a la naturaleza pecaminosa. La mente carnal es poseída y controlada o dominada por la naturaleza pecaminosa o el mal. Esto vuelve a ser una descripción de una persona inconversa. Esta persona está muerta en sus iniquidades y pecados, separada de Dios y camino a un estado final de muerte eterna.[2]

Las palabras "pensar en las cosas del Espíritu" describen a una persona cuya mente está controlada o dominada por el Espíritu Santo. Una mente dominada por el Espíritu Santo va a producir vida y paz, pero una mente controlada por la naturaleza maligna no tendrá vida ni paz sino solo miseria, confusión y desesperación. La mente del creyente debe estar en las cosas del Espíritu, no en las de la carne.

¿Cuáles son las cosas del Espíritu y las cosas de la carne? Las cosas de la carne son cosas tipo placer, ganancia o satisfacción personal, actividades mundanas, deseos egoístas, etc. Las cosas del Espíritu tienen que ver con lo que agrada a Dios. Los pensamientos de quien camina en el Espíritu son justicia, paz, santidad, el bienestar del alma, lo relativo a la eternidad, las verdades de la palabra de Dios.

Al caminar en el Espíritu, usted está controlado por el Espíritu, y le apasionan las cosas que apasionan al Espíritu. Usted se dará cuenta de que cuando de verdad está caminando en el Espíritu experimentará cercanía con Dios. Deseará estudiar la Biblia, su vida de oración aumentará en intensidad, su pasión por Dios y por las almas lo consumirá. Caminar en el Espíritu es la experiencia más increíble que jamás encontrará en este mundo. Incluso en la prueba más dura de toda la vida, la paz de Dios le guiará por ella si usted está caminando en el Espíritu.

APAGAR EL ESPÍRITU

I de Tesalonicenses 5:19 nos advierte: *"no apaguéis el espíritu".* La palabra griega para "apagar" es "sbennumi", que significa "extinguirse o apagarse". El Espíritu Santo es como un fuego ardiente en nuestras vidas. Juan dijo que Jesús nos bautizaría con el Espíritu Santo y con fuego (Lucas 3:16). Al igual que el agua apaga literalmente el fuego, ciertas cosas que hacemos apagan el fuego del Espíritu Santo.

¿Qué cree usted que apaga el fuego del Espíritu Santo? ¡El pecado! El diablo nos engaña y nos lleva a pecar, y ni siquiera sabemos que lo estamos haciendo. Satanás intentará constantemente romper el flujo del Espíritu en la vida del creyente. ¿Cómo lo consigue? Haciendo que aparte su fe de Cristo y de la Cruz. Si el diablo puede distraer al creyente y hacerle buscar otras formas, métodos, programas o indulgencias egoístas, sabe que ya es suyo. Cuando los ojos de los creyentes se alejan de Cristo y de la Cruz, el Espíritu se apagará en sus vidas, y el fracaso no tardará en llegar.

La mayoría de los creyentes sabe cuáles son los pecados obvios como lujuria, celos, envidia, lengua destructiva, odio, embriaguez, luchas, etc., la lista sigue y sigue. Pero la mayoría de los creyentes no considera que sea pecado apartar los ojos de la esencia (el objeto) de nuestra fe, Jesucristo y éste crucificado. Pero la Biblia dice: *"todo lo que no proviene de fe, es pecado"* (Romanos 14:23).

Cada vez que la palabra "fe" aparece en el Nuevo Testamento, Pablo o el autor que sea, se refiere a "La fe": Jesucristo y éste crucificado, quién es y qué hizo. Pablo define la fe en Gálatas 2:20: *"Con Cristo estoy juntamente crucificado, y ya no vivo yo, mas vive Cristo en mí; y lo que ahora vivo en la carne, lo vivo en la fe del Hijo de Dios, el cual me amó y se entregó a sí mismo por mí".*

La iglesia moderna suele tener los ojos en todo menos en la Cruz de Cristo: crecimiento, propósito, prosperidad, dones del Espíritu, palabra profética, etc. Estas cosas son importantes, pero cuando llegan a serlo más que Cristo y que la Cruz hemos perdido el verdadero objeto de nuestra fe.

LA SERPIENTE FIERA

En el libro de Números leemos que los israelitas habían pecado por murmurar contra Dios, y se pusieron a sí mismos bajo juicio divino (Números 21:6-9). Dios usó serpientes venenosas para castigarlos. Las serpientes estaban atacando a la gente, causando dolor e incluso muerte. Moisés intercedió para que el pueblo fuera sanado, y Dios respondió. Números 21:8 dice: *"Y Jehová dijo a Moisés: Hazte una serpiente ardiente, y ponla sobre una asta; y cualquiera que fuere mordido y mirare a ella, vivirá".*

Esto es un tipo del Calvario. Cristo murió en la Cruz, tomando sobre sí la condena del pecado. Por eso Dios usó la serpiente en el asta. La serpiente representa el pecado, y el asta representa la Cruz. La Biblia dice: *"Al que no conoció pecado, por nosotros lo hizo pecado, para que nosotros fuésemos hechos justicia de Dios en él"* (II Corintios 5:21).

Por medio de los eventos del libro de Números, Dios nos está mostrando, que nuestros ojos deben estar siempre puestos en el sacrificio de Cristo en la Cruz. Nuestra fe en Cristo y éste crucificado les trae vida y sanidad a nuestras almas. Satanás siempre está tratando de apartar la atención de los creyentes de la Cruz. Pero tal y como Dios le dijo a Moisés hace mucho tiempo, y tal y como Moisés le dijo al pueblo, hemos de mirar al asta. Números 21:9 dice: *"cuando alguna serpiente mordía a alguno, miraba a la serpiente de bronce, y vivía".* Por medio de su Palabra, Dios nos está diciendo: "Mira la Cruz".

CONTRISTAR AL ESPÍRITU SANTO

Efesios 4:30 dice: *"Y no contristéis al Espíritu Santo de Dios, con el cual fuisteis sellados para el día de la redención".* La Palabra *"contristar"* en griego es *"lupeo",* y significa *"causar pesar, estar triste, causar duelo, sentir pesadez o dolor".* Hay cosas (pecados) que hacemos los creyentes que entristecen al Espíritu Santo, que van contra el Espíritu. Este dolor tiene lugar cuando actuamos en la carne o dependiendo de la carne para obtener fuerzas.

Cuando David cometió adulterio con Betsabé, afligió a Dios. Cuando por fin comprendió lo que había hecho, confesó su pecado y le rogó a Dios que no lo apartara de su presencia. David pidió: *"No me eches de delante de ti, Y no quites de mí tu santo Espíritu"* (Salmo 51:11).

En el Antiguo Testamento (antes de la Cruz), el Espíritu Santo venía sobre los creyentes, pero no entraba en el corazón de una persona y moraba allí. Cuando llegó el día de Pentecostés, ya después de que Cristo pagara el precio por los pecados en la Cruz, el Espíritu Santo comenzó a venir al corazón y a la vida de cada persona que se arrepentía y ponía su fe en Cristo y éste crucificado.

127

Hoy día los creyentes en Cristo no perdemos el Espíritu Santo cuando pecamos. Pero lo contristamos y apagamos su flujo. Cualquiera que haya caminado en el poder del Espíritu Santo sabe que el pecado hace que se pierda ese flujo del Espíritu, rompiendo una comunión íntima con Él. Esto es desgarrador. Una vez hemos conocido la intimidad del Padre, otorgada por el Espíritu Santo, no queremos perder esa cercanía. Cuando pecamos, podríamos decir lo que expresó David de una forma un tanto diferente: *"Señor, por favor no detengas el flujo de tu presencia en mi vida, y por favor, no dejes que el Espíritu Santo deje de actuar en mi vida".*

Hoy día hay muchos miembros del cuerpo de Cristo que no están viviendo en la presencia y poder del Espíritu Santo. Esto es trágico, porque el Espíritu está disponible para todo cristiano. Y una tragedia aún mayor es el hecho de que la mayoría no sabe siquiera que les ha sido cortado el poder del Espíritu Santo.

SANSÓN

Sansón fue un hombre de gran fuerza. La Biblia nos dice que su fuerza estaba en su cabello. Pero el mundo de entonces no conocía el secreto de su gran fuerza, al igual que el mundo de hoy no conoce o entiende la fuerza del cristiano. Cuando Dalila sedujo a Sansón y le convenció de que le confesara el secreto de su fuerza, procedió luego a despojarlo de su gran poder. Cuando Sansón perdió su fuerza, la Biblia dice que no sabía siquiera que ésta le había dejado.

Jueces 16:19-20 dice: *"Y ella hizo que él se durmiese sobre sus rodillas, y llamó a un hombre, quien le rapó las siete guedejas de su cabeza; y ella comenzó a afligirlo, pues su fuerza se apartó de él. Y le dijo: ¡Sansón, los filisteos sobre ti! Y luego que despertó él de su sueño, se dijo: Esta vez saldré como las otras y me escaparé. Pero él no sabía que Jehová ya se había apartado de él".*

Hasta que no la necesitó de verdad, Sansón no se dio cuenta de que su fuerza lo había abandonado. Hoy día hay gente en el cuerpo de Cristo, que ha creído y seguido un camino falso, sin darse cuenta de que ha dejado la Cruz, su primer amor. Pero cuando llega el tentador y tratan de resistirse, se encuentran con que no tienen fuerza o poder para resistir su naturaleza pecaminosa, y por tanto caen en pecado.

Esta es una de las razones por las que la tasa de divorcio en la iglesia es la misma que la del mundo. Muchos pastores de hoy (gracias a Dios no todos) no están predicando la Cruz, y por lo tanto, el poder del Espíritu se ha ido. Y lo que es peor, esas iglesias no saben que ha desaparecido. A la hora de resistir las tentaciones del mundo no tienen fuerza porque el Espíritu está apagado. Se encuentran peleando en la carne contra su naturaleza de pecado.

Jesús nos pidió expresamente que no separáramos nuestra fe de él, sino que nos quedáramos justo donde estamos, en Él. Cuando apartamos nuestra fe de Cristo y de la Cruz nos quedamos sin el poder del Espíritu de Dios. Tal y como dijo Jesús, *"separados de mí nada podéis hacer"* (Juan 15:5).

LO QUE MUEVE AL ESPÍRITU SANTO

¿Se ha parado usted alguna vez a pensar por qué entró en su corazón el Espíritu Santo en el momento del nuevo nacimiento? ¿Qué hizo que entrara el Espíritu?

Fe y arrepentimiento juntos es lo que hizo que el Espíritu Santo llegara a su corazón y a su vida. Puesto que eso fue lo que motivó al Espíritu Santo inicialmente a entrar en su vida, eso mismo es lo que mueve al Espíritu Santo cada momento y cada día de su vida.

El diablo sabe que el Espíritu Santo actúa según el arrepentimiento y la fe en Cristo y lo que éste hizo en la Cruz. Por lo tanto, el diablo se esfuerza lo más que puede para pervertir el mensaje del evangelio a los perdidos, e intenta alejar a los creyentes de la Cruz para que el Espíritu se apague.

El Espíritu Santo es el gran regalo del nuevo pacto. Fue enviado para que nos ayudara a hacer lo que no pudimos hacer por nosotros mismos: vencer el poder del pecado. En relación con el Espíritu Santo, Jesús dijo: *"Mas el Consolador, el Espíritu Santo, a quien el Padre enviará en mi nombre, él os enseñará todas las cosas, y os recordará todo lo que yo os he dicho"* (Juan 14:26).

La palabra "Consolador" en griego es "Paráclito", y significa "ayudante" o "uno enviado junto a" o "intercesor o consolador". Dios nos envía el Espíritu Santo para ayudarnos por medio del nombre de Jesús. Recibimos el Espíritu Santo en nuestras vidas para que nos ayude todos los días a vivir para Dios por medio de Cristo Jesús. Bajo el Antiguo Pacto, el Espíritu Santo no podía vivir dentro de un creyente. ¿Por qué? Porque Cristo aún no había expiado el pecado. Pero ahora, con el nuevo pacto, tenemos un abogado, tenemos un ayudante, tenemos una fuente de energía que vive dentro de nosotros, ¡Aleluya!

El creyente ha de darse cuenta de que el Espíritu Santo no hace nada separado de la cruz. Lo repito: el Espíritu Santo no hace nada separado de la fe en Cristo y lo que Cristo hizo en la cruz.

EL LIBRO DE HECHOS

Quien estudie la palabra de Dios puede seguir el libro de Hechos y saber que Dios tiene un bautismo de poder que está disponible para todo creyente. La iglesia primitiva recibió este poder. *"Y fueron todos llenos del Espíritu Santo y comenzaron a hablar en otras lenguas, según el espíritu les daba que hablasen"* (Hechos 2:4).

El día de Pentecostés, el Señor derramó su Espíritu, y los creyentes fueron bautizados con poder. Jesús les ordenó a los discípulos que no hicieran nada antes de que llegara sobre ellos ese poder, sino que esperaran: *"Y estando juntos, les mandó que no se fueran de Jerusalén, sino que esperasen la promesa del Padre, la cual, les dijo, oísteis de mí"* (Hechos 1:4). Jesús dijo que esperaran "la promesa del padre", que es el bautismo del Espíritu Santo. Sin el poder del Espíritu Santo no podemos hacer nada que glorifique verdaderamente al Padre.

Fíjese en lo que dijo Jesús a continuación. *"Porque Juan ciertamente bautizó con agua, mas vosotros seréis bautizados con el Espíritu Santo dentro de no muchos días"* (Hechos 1:5). Ser bautizados con el Espíritu Santo es recibir el poder de Dios. En Hechos 1:8 Jesús dijo: "pero recibiréis poder, cuando haya venido sobre vosotros el Espíritu Santo".

Todo creyente en Cristo necesita este bautismo de poder. Un estudio exhaustivo del libro de Hechos nos muestra en varias ocasiones que los creyentes del Nuevo Testamento estaban recibiendo este bautismo del Espíritu Santo. El Diablo intentará persuadir al creyente de que no es para hoy. Sin embargo, Pedro (al hablarle al pueblo el día de Pentecostés, justo después de la efusión del Espíritu) pronunció estas palabras: *"Arrepentíos, y bautícese cada uno de vosotros en el nombre de Jesucristo para perdón de los pecados; (en agua) y recibiréis el don del Espíritu Santo. Porque para vosotros es la promesa, y para vuestros hijos, y para todos los que están lejos; para cuantos el Señor nuestro Dios llamare"* (Hechos 2:38 39).

Pedro dejó claro que el bautismo del Espíritu Santo no fue sólo para ciertas personas durante un período determinado de la historia. Para confirmar esto vemos en el libro de Hechos una relación de las personas que recibieron el bautismo del Espíritu Santo (Hechos 10:44, 11:15-16, 19, 1-6).

El poder del Espíritu Santo es esencial para todo creyente. La Biblia nos promete que todos aquellos que tienen hambre y sed de Dios serán saciados (Mateo 5:6). El versículo más popular que los cristianos les dan a los perdidos es Juan 3:16. Pero el versículo que debería ser más popular para entregarles a otros creyentes para animarlos es Lucas 3:16: *"respondió Juan, diciendo a todos: Yo a la verdad os bautizo en agua; pero viene uno más poderoso que yo, de quien no soy digno de desatar la correa de su calzado; él os bautizará en Espíritu Santo y fuego".*

Aun cuando el creyente haya sido bautizado con el Espíritu Santo, todavía tiene que entender cómo trabaja éste mediante la fe en Cristo y lo que éste ha hecho en la Cruz. Sin esto, aun cuando tenga a su disposición el poder del Espíritu Santo, vivirá en derrota. Esto lo vemos en la vida del apóstol Pablo. Usted debe saber cómo funciona el Espíritu.

OTRO EVANGELIO

Hoy día hay muchos que no están predicando la cruz sino otro evangelio. Pablo fue muy fuerte en sus advertencias contra quienes estaban predicando otro evangelio. Gálatas 1:8 dice: *"Mas si aun nosotros, o un ángel del cielo, os anunciare otro evangelio diferente del que os hemos anunciado, sea anatema* [excomunicado]".

Quizá usted diga: "Bueno, este predicador no es evangelista, y por eso no predica sobre la Cruz. Él enseña cómo vivir para Dios." Permítame decirle algo que puede sonar un poco fuerte, pero que a la luz de lo que dijo Pablo (en Gálatas 1:8), no lo es. Cualquier predicador, maestro, evangelista, pastor, profeta, apóstol o misionero que enseñe la Palabra de Dios y no ponga el énfasis principal de su enseñanza en la Cruz de Cristo está predicando otro evangelio.

"Pero temo que como la serpiente con su astucia engañó a Eva, vuestros sentidos sean de alguna manera extraviados de la sincera fidelidad a Cristo. Porque si viene alguno predicando a otro Jesús que el que os hemos predicado, o si recibís otro espíritu que el que habéis recibido, u otro evangelio que el que habéis aceptado, bien lo toleráis" (II Corintios 11:3-4).

Esas palabras de Pablo deben advertirle a cada creyente de que las enseñanzas falsas pueden ser muy sutiles e inteligentes. La palabra "engañar" en griego es "exapatao", y significa "seducir totalmente". Pablo tenía miedo de que los creyentes de Corinto aceptaran enseñanzas falsas. Temía que se dejaran engañar por el hecho de que los falsos maestros usaban la misma terminología o jerga cristiana pero distorsionaban la verdad. Así que Pablo les alertó de que usar el nombre de Jesús no convierte a nadie en un verdadero maestro de la Palabra.

Así que tenga usted cuidado; habrá maestros que usan el nombre de Jesús y el Espíritu Santo y lo llaman evangelio, pero será otro evangelio. ¿Cómo se protege uno de tal engaño? Hay que entender completamente la Palabra de Dios. Cualquier persona o cosa que aparte el enfoque de Jesucristo y éste crucificado (la verdad central del cristianismo) es un engaño y le lleva lejos de la verdad.

LOS CRISTIANOS SOMOS UNA OBRA CONTINUA

En este libro no estoy diciendo que se puede vivir una vida espiritual perfecta, aunque esa es la meta, la meta de Dios. Eso no se alcanzará por completo hasta que lo veamos en el cielo y nos dé un cuerpo incorruptible, libre de la naturaleza pecaminosa. Sin embargo, a medida que aprendemos a caminar en el Espíritu, deberíamos fallarle a Dios cada vez menos. Es como aprender a montar a caballo: el jinete se debe caer del caballo cada vez menos. Caminar en obediencia a Dios es un proceso. El diablo conseguirá de vez en cuando que los creyentes aparten los ojos de Cristo y de la Cruz. Sin embargo, cuando de verdad aprendemos a andar en el Espíritu nos levantaremos enseguida cuando nos caigamos del caballo, nos sacudiremos la ropa y volveremos a montar. Podremos hacerlo porque sabremos por qué hemos caído: por apartar los ojos de Cristo y su obra terminada.

La clave del crecimiento cristiano es ajustar el paso. Un soldado del ejército sabe lo que su general quiere de él. La

Biblia dice en Romanos 8:7-8: *"Por cuanto los designios de la carne son enemistad contra Dios; porque no se sujetan a la ley de Dios, ni tampoco pueden; y los que viven según la carne no pueden agradar a Dios".* Otra traducción lo explica así: *"pues la naturaleza pecaminosa es enemiga de Dios siempre. Nunca obedeció las leyes de Dios y jamás lo hará. Por eso, los que todavía viven bajo el dominio de la naturaleza pecaminosa nunca pueden agradar a Dios"* (Nueva Traducción Viviente).

La palabra "sujeto" es "hupotass", término militar que significa "colocar en orden bajo alguien", bajo un comandante, por ejemplo. La mente carnal no sigue la mente de Dios sino sus propios deseos mundanos. Por esa razón, el hombre carnal no puede agradar a Dios. Pero el verdadero creyente en Cristo tiene la mente de Cristo.

El Espíritu Santo mora en la vida de cada creyente nacido de nuevo, y su función es otorgarle victoria sobre el pecado y producir los frutos del Espíritu. Quien sea salvo no tiene por qué estar en las garras de la naturaleza maligna sino en la esfera de la naturaleza divina. Romanos 8:10 dice: *"Pero si Cristo está en vosotros, el cuerpo en verdad está muerto a causa del pecado, mas el espíritu vive a causa de la justicia".*

La palabra "cuerpo" se refiere aquí al cuerpo humano del creyente, que está muerto debido a la caída. Por tanto, el creyente es incapaz de vencer al pecado por su propia fuerza de voluntad. Todos sus esfuerzos son inútiles. Sin embargo, el Espíritu puede transformarlo en aquello que debe llegar a ser. Por eso ha de depender del Espíritu Santo para que éste le dé la victoria. El Espíritu lo hará si mantiene su fe en Cristo y éste crucificado.

Romanos 8:11 enseña lo siguiente: *"Y si el espíritu de aquel que levantó de los muertos a Jesús mora en vosotros, el que levantó de los muertos a Cristo Jesús vivificará también vuestros cuerpos mortales por su Espíritu que mora en vosotros".* La palabra "vivificar" es "zooporeo", que significa "hacer vivir, vivo, dar vida". Esto se refiere no solo a una resurrección física del cuerpo del creyente sino que también se refiere a que el Espíritu Santo nos da poder en nuestros cuerpos mortales para vivir una vida cristiana victoriosa. Tenemos aquí una gran revelación: el mismo Espíritu que resucitó a Jesús de entre los muertos está viviendo ahora en la vida de cada creyente. ¡Dios ha puesto ese poder en nuestras vidas!

Romanos 8:12-13 dice: *"así que, hermanos, deudores somos, no a la carne, para que viviamos conforme a la carne; porque si vivís conforme a la carne, moriréis, mas si por el Espíritu hacéis morir las obras de la carne, viviréis".* Pablo está explicando que el cristiano debe estar poniendo a muerte constantemente las obras de la carne. Esto se hace a través del Espíritu que trabaja por medio de nuestra fe. Por lo tanto, los creyentes no podemos considerar nada como mérito propio ni tampoco elogiar la carne; todos los elogios de nuestras victorias sobre el pecado y la muerte le pertenecen a Cristo. Estamos en deuda con Él y lo que ha hecho en el Calvario para redimirnos.

Cuando los creyentes sabemos, creemos y confiamos en las verdades importantes de Romanos 6 a 8, experimentaremos una victoria increíble en nuestras vidas en nuestro caminar en el espíritu. Sin embargo, si ignoramos las verdades espirituales de Romanos 6 a 8 caminaremos en derrota.

CÓMO SABER SI USTED ES UN VERDADERO CREYENTE

Si una persona vive bajo el dominio de la naturaleza pecaminosa, pecando habitualmente, esa persona no está salva, diga lo que diga. Esa persona va camino a la muerte final en el lago de fuego. Pero la persona que, por medio del Espíritu Santo, pone a muerte de forma habitual las obras de la carne, vivirá. ¡Esa persona está salva![3]

Los cristianos no son perfectos. Seguimos flaqueando y fallando. Sin embargo, nuestros corazones desean no pecar. Así que cuando le fallamos a Dios sentimos dolor. Queremos arrepentirnos y restaurar nuestra comunión con Dios. Al incrédulo no le interesa restaurar su comunión con Dios porque en primer lugar, ¡nunca llegó a tenerla!

¿Cómo sabe usted si es de verdad creyente en Cristo? Aquí hay una lista muy buena:

1. ¿Está usted siguiendo en su vida los principios del Espíritu Santo, o está siguiendo sus propios deseos carnales? Romanos 8:14 dice: *"Porque todos los que son guiados por el Espíritu de Dios, éstos son hijos de Dios".*

Cuando el Espíritu Santo está guiando a un individuo, lo llevará constantemente hacia la Cruz y lejos del pecado. El Espíritu Santo le guiará en la verdad y glorificará a Cristo (Juan 16:13-14).

2. ¿Tiene usted intimidad con Dios? El Espíritu Santo llevará al hijo de Dios a una relación con Dios Padre. Por eso el deseo del Padre es estar cerca de sus hijos. Romanos 8:15 dice: *"Pues no habéis recibido el espíritu de esclavitud para estar otra vez en temor, sino que habéis recibido el espíritu de adopción, por el cual clamamos: ¡Abba, Padre!".*

Pablo tenía una relación muy estrecha con Dios, y clamó diciendo: "¡Abba, Padre!". La palabra "grito" es "krazo", y habla de un grito de profunda emoción. La palabra "Abba" es un término arameo que Pablo traduce al griego como "Padre". Jesús usó ese término al orar en el jardín de Getsemaní. El Espíritu Santo nos permite a los hijos de Dios llamarle Padre. El Espíritu Santo nos ha adoptado en la familia de Dios.

3. El Espíritu Santo le dará testimonio en su corazón de que usted es salvo. *"El Espíritu mismo da testimonio a nuestro espíritu, de que somos hijos de Dios"* (Romanos 8:16).

¿QUÉ VENTAJAS TIENE LA VIDA CRISTIANA?

Todo lo que el creyente recibe de Dios fue adquirido en el Calvario por Jesucristo. Romanos 8:17 dice: *"Y si hijos, también herederos; herederos de Dios y coherederos con Cristo, si es que padecemos juntamente con él, para que juntamente con él seamos glorificados".*

La ley romana hacía que todos los hijos — incluyendo los adoptados — heredaran por igual (Vincent). La ley judía le daba una porción doble al hijo mayor. El sufrimiento de aquí no se refiere a pruebas personales sino a sufrir con Cristo, lo que se refiere al gran precio que pagó en la Cruz por nosotros. Él ha sido glorificado, y nosotros seremos glorificados también un día, todo debido a la Cruz.

No importa por qué problemas o dificultades atravesemos en este mundo; no se pueden comparar con el futuro que tenemos en Cristo. *"Pues tengo por cierto que las aflicciones del tiempo presente no son comparables con la gloria venidera que en nosotros ha de manifestarse"* (Romanos 8:18).

Nuestro futuro eterno con Cristo convierte en soportable cualquier sufrimiento de este mundo. ¡Siga usted anhelando ese día en que por fin lo veamos! Es la línea de meta, así que no se canse y lo deje. Lo mejor aún no ha llegado. ¡Gloria a Dios!

Romanos 8:19-21 dice: *"Porque el anhelo ardiente de la creación es el aguardar la manifestación de los hijos de Dios. Porque la creación fue sujetada a vanidad, no por su propia voluntad, sino por causa del que la sujetó en esperanza; porque también la creación misma será libertada de la esclavitud de corrupción, a la libertad gloriosa de los hijos de Dios".*

El versículo 19 se refiere a la resurrección de lo que tiene vida. En el cielo y en la tierra hay una gran expectación ante el día de la resurrección. Fuimos sometidos a vanidad por la caída de Adán, pero hay un gran día ante nosotros. La meta de la vida cristiana es conocer a Cristo tan de cerca como podamos hasta ese día en que podamos verlo cara a cara.

La obra de la Cruz es lo que le hace a uno hace santo e irreprochable. Usted tiene que darse cuenta de que no es lo que hagamos, sino lo que Cristo hizo en la Cruz, y a causa de la Cruz, el Espíritu se moverá y operará en el corazón y vida de toda persona cuya mente esté fija en él.

"Y a vosotros también, que erais en otro tiempo extraños y enemigos en vuestra mente, haciendo malas obras, ahora os ha reconciliado en su cuerpo de carne, por medio de la muerte, para presentaros santos y sin mancha e irreprensibles delante de él". (Colosenses 1:21-22)

Capítulo diez

¡Un día nuevo!

Desde que Cristo murió en el Calvario estamos en un día nuevo. Jesús hizo posible que naciera un Nuevo Pacto. El propósito del Antiguo Pacto era poner al hombre de rodillas para que viera las profundidades de su pecado. El hombre tiene que darse cuenta de que no cumple los estándares santos de Dios. La ley es un tutor para mostrarnos que necesitamos a Cristo (Gálatas 3:24).

¡El Antiguo Pacto ha funcionado! Nos ha enseñado que no podemos vivir sin la ayuda diaria de Dios. Estamos sin fuerza y contención moral. La naturaleza pecaminosa es demasiado poderosa. Las cadenas son demasiado fuertes y no las podemos romper. Estamos demasiado enredados en nosotros mismos. ¡Necesitamos ayuda urgentemente!

Muchos cristianos no entienden todo lo que Cristo hizo por ellos en la Cruz. Muchos cometen el error de creer que una vez que tienen el Espíritu Santo son "súper cristianos". Tenemos que tener cuidado de que el conocimiento de quiénes somos en Cristo no se convierta en orgullo espiritual. Debemos recordar que cuando el Señor nos salvó, no eliminó nuestra naturaleza pecaminosa, simplemente la despojó de su poder. Si no dependemos del Espíritu Santo momento por momento, esa naturaleza pecaminosa volverá a aparecer.

El Espíritu Santo se siente atraído por nuestras debilidades, no por nuestros puntos fuertes. Pablo citó a Jesús en II Corintios 12:9 cuando dijo: *"Bástate mi gracia; porque mi poder se perfecciona en la debilidad".*

Aquí una buena oración para que el creyente la haga continuamente:

Señor, tu ley me ha mostrado que ante ti estoy completamente desesperado. Por mí mismo no puedo cumplir tus preceptos. Abandono toda esperanza de liberarme en mis propias fuerzas de las garras del pecado. Reconozco que dependo de Jesús y de lo hizo en la Cruz. Necesito tu Santo Espíritu para que me ayude a vivir una vida santa, y sé que me vas a ayudar si pongo mi fe totalmente en Cristo. Gracias por liberarme en la Cruz y por no dejarme indefenso. Gracias por enviar a tu Espíritu Santo a que viva en mí. En el nombre de Jesús. Amén.

Bajo el Nuevo Pacto, la batalla por nuestra naturaleza pecaminosa no es nuestra batalla, sino que le pertenece al Señor. Romanos 8:13 dice: *"porque si vivís conforme a la carne, moriréis; mas si por el Espíritu hacéis morir las obras de la carne, viviréis".* Las obras de la carne son los pecados que cometemos. El problema es que muchos cristianos tratan de matar esas obras por medio de su propia fuerza de voluntad. Cuando hacen eso están cayendo en la mentalidad del Antiguo Pacto.

LA CRUZ

Una de las doctrinas cristianas más básicas es que la Cruz de Jesucristo le quita el mérito ante Dios a todas las obras de la carne. Por causa de la Cruz, ninguna bondad humana puede contribuir a la salvación personal (Wilkerson). Yo me permito añadir que ninguna bondad humana puede contribuir tampoco a la santidad de una persona. Esto es una obra de la gracia de Dios como resultado de la Cruz, y se logra por medio de su espíritu. ¡Gloria a Dios!

La Cruz de Jesús representaba una gran ofensa para aquellas personas que estaban empapadas de legalismo, tratando de vivir para Dios por la ley. Las enseñanzas de Jesús consistieron en introducir un Nuevo Pacto, una nueva forma de pensar. En vez de vivir a base de ritos y requisitos, él enseñaba que debemos vivir por medio de una relación con Dios a través de la persona del Espíritu

Santo, y ser totalmente dependientes del poder de Dios para cumplir con sus mandamientos.

El mundo religioso del día se resistía a esa nueva enseñanza. ¿Por qué? Eran personas hipócritas a quienes les gustaba acreditarse su propia justicia, que en verdad no era justicia en absoluto.

Pablo enseñó también que, bajo el Nuevo Pacto, el legalismo no es la manera de vivir: *"Pues si habéis muerto con Cristo en cuanto a los rudimentos del mundo, ¿por qué, como si vivieseis en el mundo, os sometéis a preceptos tales como: No manejes, ni gustes, ni aun toques?"* (Colosenses :20-21).

Pablo estaba diciendo que cualquier cosa que creamos que contribuye a nuestra salvación, y que no sea la sangre de Cristo, es inútil (Wilkerson). La Cruz ofende al mundo (y sobre todo al mundo), porque la Cruz dice que todas las obras de la carne, los legalismos y preceptos son inútiles a los ojos de Dios.

La afirmación cristiana de que la Cruz de Cristo es la única forma de salvación también ofende a la mayoría de la gente religiosa del mundo. ¿Por qué? Porque operan bajo una mentalidad de ley, sobre todo mirando a Moisés y no a Cristo. Eso ya era un problema durante los días de Jesús. Juan 9:28 dice: *"Y le injuriaron, y dijeron: Tú eres su discípulo; pero nosotros, discípulos de Moisés somos".* Tal y como escribió el autor de este himno clásico, "nada traigo en mis manos, simplemente a la Cruz, me aferro".

La muerte de Cristo en la Cruz señaló el fin del Antigua Pacto. La santidad llegó a estar disponible por medio de la Cruz por el espíritu. Hay gente que erróneamente piensa que bajo el Nuevo Pacto (el Pacto de la gracia) ya no estamos bajo un estilo de vida tan estricto. Esa suposición no podría estar más lejos de la verdad. Pablo dijo: *"¿Qué, pues, diremos? ¿Perseveraremos en el pecado para que la gracia abunde? En ninguna manera. Porque los*

141

que hemos muerto al pecado, ¿cómo viviremos aún en él?"
(Romanos 6:1-2).

El Nuevo Pacto es en realidad más restrictivo, porque usted ahora tiene el Espíritu de Dios viviendo en su corazón y su vida y examinando todo. No solo están bajo examen sus acciones sino también sus motivos.

El Nuevo pacto revelado

Una vez que el creyente comprende el Nuevo Pacto, ya está en condiciones de aprender el secreto de la victoria total sobre el pecado. La muerte es lo único que nos lleva del Antiguo Pacto al Nuevo. La fe en la carne, la habilidad de ganar la salvación o la santificación tienen que morir. Basta ya de tratar de creer. Si voy a tener fe, fe verdadera, la fe de Cristo, entonces Él tiene que otorgármela.[1]

Cuando los hijos de Israel estaban listos para cruzar a la tierra prometida sucedió algo trágico. ¡Moisés murió! El líder valiente que milagrosamente los había conducido por el Mar Rojo y por el desierto, y que había hablado con Dios en lo alto de la montaña, que había recibido los diez mandamientos, se encontraba ahora en el momento crucial de llegar por fin a la tierra prometida. Pero solo pudo verla a distancia; no pudo entrar en ella (Deuteronomio 34: 1-5).

¿Por qué no pudo entrar Moisés? ¿Por qué Dios no le permitió cruzar? Como líder de Israel, Moisés había cometido un error. Cuando el pueblo estaba sin agua, Dios le dijo a Moisés que le hablara a la roca (que era un tipo de Cristo), y que saldría agua de ella. Pero enojado por la rebelión del pueblo y por su falta de fe, Moisés no le habló a la roca sino que la golpeó. Desobedeció a Dios. Números 20:11 dice: *"Entonces alzó Moisés su mano y golpeó la peña con su vara dos veces; y salieron muchas aguas, y bebió la congregación, y sus bestias".*

Al Señor no le agradó el arrebato de ira de Moisés. *"Y Jehová dijo a Moisés y a Aarón: Por cuanto no creísteis en mí, para santificarme delante de los hijos de Israel, por tanto, no meteréis esta congregación en la tierra que les he dado"* (Números 20:12).

A primera vista parece tremendamente duro que Dios le impidiera a Moisés introducir a los israelitas en la tierra prometida por causa de un arrebato de ira. ¡Hasta ese momento había sido un líder increíble!

La razón de tan grave consecuencia para la acción de Moisés es el significado de la roca, lo que representaba. La roca era la roca espiritual de Israel, identificada con el Mesías. Cuando Moisés golpeó la roca, ésta simbolizaba la crucifixión de Cristo. Golpear la roca dos veces significada crucificar a Cristo de nuevo. Además, Moisés desobedeció una orden de Jehová debido a su ira.

La incredulidad es la base de todo pecado. Observe las palabras de Dios dirigidas a Moisés y a Aarón:" *Por cuanto no creísteis en mí*". Lo que causó el gran fracaso de Moisés fue su falta de fe y confianza en el Señor.

Moisés pasó la mayor parte de sus 120 años bien en preparación para o en la tarea real de sacar a los hijos de Israel del cautiverio y llevarlos a la tierra prometida. Y ahora, en el momento crucial de su viaje, no le fue permitido ver terminada la obra de Dios. Dios usará a Josué para llevar a los hijos de Israel a la tierra prometida.

Moisés, como representando la ley, no pudo llevar a Israel a la tierra prometida. Tuvo que morir porque, estando bajo la ley, no obedeció los mandamientos de Dios. Dios solo les daría a los israelitas la tierra prometida (que representa nuestra salvación) si hubieran obedecido la ley perfectamente. El hombre, por ser pecador, no puede brindar esta obediencia perfecta. [2]

Josué, sucesor de Moisés, era un tipo del Salvador. «Joshua» es el nombre hebreo de Jesús (y de Josué). Josué representaba la gracia operando en el poder del Espíritu Santo. La ley no puede otorgarnos la victoria; lo único que puede liberarnos es la gracia del Espíritu mediante la fe. Si usted vive su vida cristiana bajo la ley o el Antiguo Pacto, será siervo de su naturaleza pecaminosa. Su experiencia cristiana será un vagar por el desierto. Usted no podrá entrar en todas las promesas que Dios tiene para usted.

Si usted vive bajo la gracia y bajo los beneficios de la nueva alianza, que fueron adquiridos para usted en la Cruz, será un hijo en una relación adecuada con Dios, viviendo la intimidad del padre, y poseerá la tierra. ¡Alabado sea Dios!

La mayoría de los pastores están predicando La ley

Algunos predicadores de hoy le dirán con toda sinceridad que usted tiene que luchar contra el pecado y no permitir que sus pecados le arruinen. Algunos predicarán duramente contra la lujuria de la carne, y le dirán que le dé la espalda a esos deseos. Otros le dirán que ate al diablo y escape de sus tentaciones. Sin embargo, le están pidiendo que haga algo que es humanamente imposible. Aunque predican santidad, pureza y obediencia, ¡no le dijeron cómo! Le advertirán de las consecuencias del pecado, pero no le dirán de dónde sacar las fuerzas para obedecer y para derrotar el poder del pecado.

Este era el problema principal del Antiguo Pacto. Exigía una obediencia perfecta, un desvío incondicional del pecado, pero el precepto no iba acompañado de un poder permanente para obedecer. Por esta razón Dios estableció un Nuevo Pacto con los seres humanos.[3]

La realidad es que la mayoría de los cristianos de hoy lucha con el pecado. Aman a Dios y no quieren contristar al Espíritu; lo que sucede es que no saben cómo vivir bajo el Nuevo Pacto. Se les ha enseñado una mentalidad del Antiguo Pacto: "esfuérzate más". El resultado es que fallan miserablemente, tal y como falla toda la carne humana. El creyente que está luchando por superar el pecado necesita una revelación de la Cruz. Al recibirla entenderá el Nuevo Pacto. Cristo y la Cruz son el nuevo pacto.

Este libro ha sido escrito para revelar lo que dice la Biblia sobre el Nuevo Pacto. Sin embargo, no todo el que lea este libro u oiga una predicación del mensaje de la Cruz obtiene la revelación. ¿Por qué es así?

El salmista nos dice: *"La comunión íntima de Jehová es con los que le temen Y a ellos hará conocer su pacto"* (Salmo 5). Otra traducción dice: *"El Señor brinda su amistad a quienes le honran, y les da a conocer su pacto"*(NVI).

Yo creo que el Señor solo les dará a conocer la revelación de la Cruz (Su Pacto) a quienes verdaderamente lo temen. La palabra "temor" significa "mostrar reverencia". Los que no aprecian a Dios, dando por sentado que cuentan con sus privilegios, no aprenderán sus verdades más profundas. Quienes respetan, honran y muestran reverencia por Dios serán aquellos a quienes Él revele sus secretos.

La Biblia dice en Jeremías 29:12-13: *"Entonces me invocaréis, y vendréis y oraréis a mí, y yo os oiré; y me buscaréis y me hallaréis, porque me buscaréis de todo vuestro corazón".*

Las verdades de la palabra de Dios —sobre todo las del Nuevo Pacto— son tan preciosas para el Señor que no se las da a cualquiera sino a quien está realmente buscando, y buscando conocerlo de una manera más profunda. Por eso Jesús les hablaba a las masas en parábolas. Solo a sus discípulos (los verdaderos seguidores de Dios) les abrió esas verdades y les explicó lo que en verdad estaba enseñando. Mateo 13:10-11 dice: *"Entonces, acercándose los discípulos, le dijeron: ¿Por qué les hablas por parábolas? El respondiendo, les dijo: Porque a vosotros os es dado saber los misterios del reino de los cielos; mas a ellos no les es dado".* Jesús solo les revelará los misterios del reino a aquellos que realmente están buscando a Dios. Las joyas preciosas solo les son dadas a quienes saben cuán preciosas son y a quienes las apreciarán al recibirlas. La Biblia dice que no debemos echar nuestras perlas delante de los cerdos (Mateo 7:6). También dice en Jeremías 33: 3: *"Clama a mí, y yo te responderé, y te enseñaré cosas grandes y ocultas que tú no conoces".*

Creo sinceramente que la mayor parte de la revelación de Dios solo viene en épocas de quebrantamiento. Por medio de éste llegamos a un punto de humildad, de desesperación y de necesidad de Dios. Sólo cuando clamamos a Dios con todo nuestro corazón, abrirá Él los secretos de la victoria sobre los obstáculos que enfrentamos.

Dios mantiene los misterios del reino ocultos del mundo que no le busca. Mateo 13:13 dice: *"Por eso les hablo por parábolas: porque viendo no ven, y oyendo no oyen, ni entienden".*

Si usted toma las verdades de la Biblia y de este libro y busca a Dios, Sus secretos le serán revelados a usted de una forma que nunca creyera posible.

LA IGLESIA NECESITA UNA REVELACIÓN

Dios le dio al profeta Ezequiel una poderosa revelación que encontramos en Ezequiel 37:1-2: *"La mano de Jehová vino sobre mí, y me llevó en el Espíritu de Jehová, y me puso en medio de un valle que estaba lleno de huesos. Y me hizo pasar cerca de ellos por todo en derredor; y he aquí que eran muchísimos sobre la faz del campo, y por cierto secos en gran manera".*

La visión que Dios le dio a Ezequiel trata específicamente de Israel. Ese valle de huesos secos que vio Ezequiel ilustra la falta de espiritualidad de Israel. La situación actual de Israel se debe al hecho de que se niegan a aceptar a Jesús como Mesías. Israel será restaurado al final con la segunda venida de Cristo.

Pero esta visión también contiene verdades espirituales para la iglesia. Ezequiel estaba viendo en el Espíritu, de la misma manera que ve Dios. Vio un pueblo espiritualmente muerto. Cualquier persona, cristiana o no cristiana, que no entiende el Nuevo Pacto —lo que Cristo hizo en la Cruz— vivirá en un valle de huesos secos (una religión muerta).

Ahora mismo hay millones de personas que creen en Jesús, pero están viviendo en el valle de los huesos secos.

Quizá usted esté viviendo ahora mismo en ese valle, valle de depresión, de ansiedad, de enfermedad mental, o valle donde la lujuria de la carne controla su vida. Podría ser un valle de cualquier tipo de vicios pecaminosos, un lugar donde usted no siente pasión por el Señor en el corazón.

La falta de fuego en la vida del creyente es un problema frecuente en la iglesia de hoy. Las vidas de muchos cristianos parecen valles llenos de huesos secos. La mayor parte de la iglesia moderna ha negado, ignorado o rechazado al Espíritu Santo, y como consecuencia, se ha ido alejando de la Cruz. Una pequeña porción de la iglesia enfatiza el Espíritu Santo o la unción del Espíritu, pero como han abandonado la Cruz, lo único que hacen es perseguir espíritus extraños que no son el Espíritu Santo.

La mayoría de las denominaciones tradicionales están intentando predicar la Cruz (si es que la están predicando) sin el Espíritu Santo. La mayoría de los pentecostales y carismáticos están intentando predicar el Espíritu Santo sin la Cruz. ¿Por qué? Porque hemos dejado nuestro primer amor y nos hemos ido en pos de los ídolos. Hemos dejado la simplicidad de Cristo y perseguimos nuestra mejora personal. El orden del día es lo que vende más o hace que las iglesias sean más grandes. La mayor parte de la iglesia moderna ha perdido su camino porque ha apartado los ojos de Jesús y de la sangre que fue derramada por los pecados del mundo.

Pregúntese: ¿Cuántos sermones sobre la Cruz ha oído desde hace un año? ¿Cuántos sobre el pecado, la justicia y el juicio? Si el Espíritu Santo está vivo y funcionando bien en la iglesia, la mayoría de los domingos, si no todos, el predicador predicará sobre la Cruz. Habrá convicción de pecado, justicia y juicio, porque esto es lo que vino a hacer el Espíritu Santo.

Según Juan 16:8, *"Y cuando él* [el Espíritu Santo] *venga, convencerá al mundo de pecado, de justicia y de juicio"*. Un poco más adelante dice: *"Pero cuando venga el Espíritu de verdad, él os guiará a toda la verdad; porque no hablará por su propia cuenta, sino que hablará todo lo que oyere, y os hará saber las cosas que habrán de venir. El me glorificará; porque tomará de lo mío, y os lo hará saber".*

El papel del Espíritu Santo es regenerar el corazón del hombre y vivir dentro del creyente (Juan 3:3). Él viene a glorificar a Cristo Jesús (Juan 16:14) en la vida de cada creyente. El Espíritu Santo le revela la verdad al creyente (Juan 14:16-17,26; 16:13; Isaías 11:6). Lo redarguye de pecado y corrige su vida (Juan 16:8-11).

Otra función del Espíritu Santo es darles poder a los creyentes para ser testigos valientes de Cristo (Hechos 1:8). Hace milagros por medio de los creyentes (I Corintios 12:11), y los unge para el ministerio (Lucas :18- 9).

Una de las funciones más importantes del Espíritu Santo en la vida del creyente es otorgarle victoria sobre el pecado (Romanos 8:2, Gálatas 5:16). Por eso se escribió *Cross-eyed*, para explicar esta verdad tan importante.[1]

Para saber si el Espíritu Santo está vivo y funcionando en su vida o en su iglesia, trate de hacer este examen.

¿Existe un deseo fuerte en su vida de glorificar a Jesucristo y las obras de Cristo? ¿Está usted más concentrado en sí mismo y en lo que Cristo puede hacer por usted en vez de estar en glorificarlo? ¿Le está siendo revelada de forma continua la verdad de la Palabra de Dios? ¿Tiene hambre de la Palabra de Dios? ¿Hay un flujo constante de convicción de pecado y arrepentimiento en su vida? ¿Ha sido lleno del Espíritu Santo? ¿Hay valor continuo para compartir a Cristo con un mundo perdido? ¿Está Dios haciendo milagros en su vida y usándolo con los dones del Espíritu que aparecen en I Corintios 12:7-11? ¿Está usted

---

1 La palabra inglesa "Crosseyed" significa "bizco", pero aquí el autor juega con el significado individual de "cross", cruz, y "eye", ojo. "Crosseyed", por tanto significa algo así como "con los ojos en la cruz", "cruzcéntrico" (N. de la T.)

caminando en victoria sobre el pecado y viviendo una vida cristiana victoriosa?

Si sus ojos están fijos en Jesús Cristo y éste crucificado, usted será testigo del moverse y del operar del Espíritu Santo. Si usted está viviendo bajo la gracia (Efesios 2:8-, Romanos 6:14), se dará cuenta de que lo único que quiere hacer es adorar y glorificar a Jesucristo y lo que Él ha hecho para redimirnos. Si Jesús es el foco de toda su alabanza, eso es una buena señal de que el Espíritu Santo está vivo y activo en su vida.

Poco de Jesús: poco poder; nada de Jesús: nada de poder

Muchas de nuestras canciones y sermones no se centran en Jesús, la sangre, la Cruz, etc. Hoy en día hay más énfasis en uno mismo y en la "bendición", ya sea prosperidad, unción, el aumento, la "bendición de cien veces". La iglesia se está alejando de la vieja Cruz.

Incluso la industria de música cristiana contemporánea ha dejado de usar el nombre de Jesús en sus canciones. Las compañías discográficas están diciéndoles a los cantantes que está bien usar "Dios", pero no el nombre de Jesús porque resulta ofensivo para muchas personas, y entonces no venderán tantos álbumes. ¡Qué gran reproche a los ojos de Dios!

¿Ha perdido la iglesia su testimonio poderoso? Me temo que sí. Nos hemos creído la mentira de que si aguamos un poco el evangelio le llegaremos a más gente. Quizá usted alcance a más gente, pero no la alcanzará para Jesús; sólo servirá para que aumente el número de miembros de la iglesia. Cuanto más agüemos el evangelio, más se retirará el Espíritu Santo. Cuanto más se retire el Espíritu Santo, menos tendremos de Jesús. Cuanto menos tengamos de Jesús, menos vamos a ver del poder del Espíritu Santo obrando.

¡LOS HUESOS SECOS PUEDEN VIVIR!

Ezequiel vio que los huesos estaban secos, y el Señor preguntó: *"¿Vivirán estos huesos?"*. Solo existe una forma de curar la sequedad espiritual. Fijémonos en las palabras de Jesús en Lucas 4:18-19:

"El Espíritu del Señor está sobre mí, por cuanto me ha ungido para dar buenas nuevas a los pobres; me ha enviado a sanar a los quebrantados de corazón; a pregonar libertad a los cautivos, y vista a los ciegos; a poner en libertad a los oprimidos; a predicar el año agradable del Señor".

Jesús declaró lo que hace falta para liberar a los cautivos. Para resucitar a los huesos secos hay que predicar el mensaje de la Cruz bajo la unción del Espíritu.

El Señor le dijo a Ezequiel: *"He aquí, yo hago entrar espíritu en vosotros, y viviréis"* (Ezequiel 37:5). Este versículo es un tipo de nuestra salvación. En el momento en que una persona se arrepiente de sus pecados y deposita su fe en Cristo y lo que éste hizo para salvarlo, Dios le infunde el Espíritu a su alma y le da vida a sus huesos secos. Los huesos secos comienzan entonces a temblar y traquetear y acaban por unirse. La buena noticia es que una vida que se rompe en pedazos y no muestra ningún signo vital puede vivir. Dios puede hacer un milagro y resucitar lo que está muerto.

PROFECÍA PARA ESTA GENERACIÓN

Para que viera el aliento de Dios en esos huesos secos, Dios le dijo a Ezequiel que profetizara. *"Profeticé, pues, como me fue mandado; y hubo un ruido mientras yo profetizaba, y he aquí un temblor; y los huesos se juntaron cada hueso con su hueso"* (Ezequiel 37:7). El versículo 9 dice: *"Y me dijo: Profetiza al espíritu, profetiza, hijo de hombre, y di al espíritu: Así ha dicho Jehová el Señor: Espíritu, ven de los cuatro vientos, y sopla sobre estos muertos, y vivirán"*.

La palabra "profecía" en griego es "naba", que significa "hablar o cantar por inspiración". Si queremos ver un avivamiento en el continente americano tenemos que profetizarle (hablar o predicar) a esta generación por medio de la inspiración del Espíritu Santo.

Los huesos secos representan a personas muertas y sin vida. Dios le dijo al profeta que les profetizara para que vivieran. A una congregación muerta podemos predicarle todo lo que queramos sobre dejar el pecado y vivir vidas santas, pero hasta que no le revelemos las verdades del Nuevo Pacto y no vean moverse al Espíritu Santo, no vamos a ver vida en esos huesos secos.

El Nuevo Pacto

Si usted como creyente va a comprender el Nuevo Pacto y a vivir bajo él: Cristo y éste crucificado, entonces y sólo entonces experimentará la vida del Espíritu. La noche antes de ir a la Cruz, al servir los discípulos en la última cena, Jesús dijo: *"Esto es mi cuerpo, que por vosotros es dado; haced esto en memoria de mí. De igual manera, después que hubo cenado, tomó la copa, diciendo: Esta copa es el nuevo pacto en mi sangre, que por vosotros se derrama"* (Lucas 22:19 20).

Así que Jesús estableció el Nuevo Testamento o Nuevo Pacto para nosotros en la Cruz. Es por gracia mediante la fe en lo que Jesús hizo en la Cruz que el creyente arrepentido obtiene todos los beneficios del Nuevo Pacto.

El Espíritu les reporta los beneficios del Nuevo Pacto a los huesos secos y sin vida de una persona. Esto es traer nueva vida al mundo y revivir al creyente. Ezequiel vio una gran visión del futuro de Israel, cuando será restablecido en la segunda venida de Cristo. Su visión es para nosotros hoy en día, quienes entendemos el Nuevo Pacto y depositamos correctamente nuestra fe en él. Provocará un avivamiento de proporciones inesperadas. Ezequiel 37: 10 termina diciendo: *"Y profeticé como me había mandado, y entró espíritu en ellos, y vivieron, y estuvieron sobre sus pies; un ejército grande en extremo".*

Capítulo once

Cómo hacerse "cruzcéntrico"

Cuando el Espíritu Santo le abra los ojos y le dé la revelación de la Cruz, usted comenzará a verla en todas partes en las Escrituras. Desde Génesis a Apocalipsis, la cruz se encuentra en toda porción de la Biblia.

En la vida de Abraham vemos que a éste le gustaba levantar altares; de hecho, se le llamó constructor de altares. El altar era el lugar donde se ponía el sacrificio y donde era derramada la sangre de animales inocentes. El altar del sacrificio en el Antiguo Testamento era un tipo del Calvario.

Con esa perspectiva de que el altar es un tipo de la Cruz, usted puede aprender verdades increíbles del Antiguo Testamento. Por ejemplo, la Biblia habla de un río que fluirá durante el Milenio por la calle principal de la Nueva Jerusalén (ver Ezequiel 47-12).

"Me hizo volver luego a la entrada de la casa; y he aquí aguas que salían de debajo del umbral de la casa hacia el oriente; porque la fachada de la casa estaba al oriente, y las aguas descendían de debajo, hacia el lado derecho de la casa, al sur del altar" (Ezequiel 47:1).

La fuente de este río que da vida, que trae curación para todos, viene del altar. Recuerde que un altar es un tipo del Calvario. Si usted desea que el río de Dios fluya en su iglesia, en su ministerio juvenil o en su vida personal debe entender que el río de Dios (el Espíritu Santo) fluye desde la Cruz. Jesucristo es la fuente, y la Cruz es el medio.

Todo verdadero avivamiento llega cuando la gente se dirige hacia la Cruz. El reformador Martín Lutero lideró la gran reforma protestante cuando recibió una revelación de la Palabra de Dios que conmocionó el mundo católico y comenzó el protestantismo. Era el mensaje de la Cruz, proclamado por el pasaje que dice que *"el justo por la fe vivirá".* Ese mensaje es el que libera a la gente de sus ataduras religiosas.

El mensaje de Lutero revolucionó el mundo cristiano. Mejor dicho: todo el mundo. Fue un simple mensaje de fe, no de obras. Se apoyó en la Palabra y proclamó que lo que Cristo hizo en la Cruz es lo que nos hace digno, y que creer esto nos salva y nos libera.

A lo largo de la historia, cuando hubo hombres y mujeres que recibieron la revelación de la Cruz, llegaron también despertares y avivamientos. Martín Lutero dijo en una ocasión: *"Si quieres ver la reforma, mira la Cruz; y si miras la Cruz verá la reforma".*

El río fluye desde La cruz

Cuando Jesús murió, el soldado romano se acercó a la Cruz donde Jesús estaba sin vida. El soldado, para asegurarse de que Jesús estaba muerto, le traspasó el costado con la lanza. La Biblia dice que sangre y agua fluyeron de esa herida (Juan 19:34). El derramamiento de sangre fue para remisión de los pecados. El agua fluyó cuando el soldado atravesó el corazón de Jesús y rompió la bolsa de agua que rodeaba el corazón. En las Escrituras, el agua se usa a veces como símbolo de la Palabra de Dios y del Espíritu Santo.

Jesús dijo que ríos de agua viva fluirían del interior de los que creen en Él (Juan 7:37-39). El río de Dios llega al corazón de todos los creyentes en Jesucristo y éste crucificado. ¡El Espíritu Santo es ese río!

En Apocalipsis 22:1-3 observamos que el río fluye por la calle principal del cielo. Es un río puro, símbolo del Espíritu Santo. A ambos lados de la calle están los árboles de vida, cuyo fruto es para la sanidad de las naciones. Si nos fijamos con atención vemos que el río fluye del trono de Dios. Apocalipsis 5:11-13 nos dice que todo el cielo adora a aquel que se sienta en el trono y al Cordero de Dios que fue inmolado. El río de Dios fluirá en el corazón de cada creyente que tenga su vida centrada en Dios Padre y en Jesucristo, el Cordero que fue inmolado en la Cruz para liberarnos. El trono es la fuente del río.

UNA CONFESIÓN APROPIADA

Jesús les preguntó a sus discípulos: *"¿Quién dicen los hombres que es el Hijo del Hombre?"*. Ellos contestaron: *"Unos, Juan el Bautista; otros, Elías; y otros, Jeremías, o alguno de los profetas"*. Cuando Jesús preguntó: *"Y vosotros, ¿quién decís que soy yo?"*, Pedro contestó: *"Tú eres el Cristo, el Hijo del Dios viviente"* (Mateo 16:13 16).

La confesión de Pedro era lo que estaba buscando Jesús. Pedro reconoció la verdad del evangelio de que Jesucristo era (y es) el Mesías, el Salvador del mundo. La confesión de Pedro es la verdad evangélica sobre la que se fundó toda la iglesia. Jesús dijo: *"Sobre esta roca edificaré mi iglesia"*. Estaba afirmando que toda la iglesia está construida sobre la base de la roca, que es Cristo.

LA CRUZ LO ES TODO

En el libro de Éxodo aprendemos que el tabernáculo del Antiguo Testamento, que fue diseñado por Dios, tenía forma de cruz. El arca del testimonio, en el lugar santísimo, era donde habitaba la gloria de Dios. La gloria de Dios reposaba sobre el propiciatorio, que es también un tipo de la Cruz (Éxodo 25:17-18).

En Levítico las ofrendas eran un tipo de Cristo en la Cruz (Levítico, capítulos 1-7). Si usted entiende el libro de Levítico, comprenderá mucho mejor lo que Jesús logró en la Cruz. En Levítico usted verá el odio y la ira que Dios le tiene al pecado, y el amor que siente por el pecador.

El terrible sufrimiento y el dolor que trajo Dios por medio de los sacrificios rituales de millones de animales inocentes eran un presagio del futuro sacrificio de Jesús en la Cruz. Al estudiar el sacrificio levítico, uno aprecia la increíble gracia de Dios, mostrada en la Cruz del Calvario. La clave de las ofrendas sacrifícales del libro de Levítico es que el sacrificio debía ser sin defecto: un tipo del Cordero perfecto de Dios, que era sin pecado.

Si usted vivera en la época del Antiguo Testamento, sería responsable de llevar su animal al altar de bronce para ser sacrificado. Sería su mejor animal, sin manchas ni arrugas. Usted guardaría fila con otros pecadores, todos sosteniendo sus animales. Al irse acercando al altar vería a los sacerdotes levíticos usando sus cuchillos para cortar la garganta de los animales inocentes, mientras la sangre caliente de los animales perdidos caía en un cuenco. Usted vería de primera mano las terribles consecuencias del pecado. Sentiría también el terrible dolor y el sufrimiento que resultan de desobedecer a Dios.

Usted vería a los sacerdotes lavándose la sangre de los pies y las manos en la fuente de bronce. Usted oiría los bramidos de los animales al serles rajada la garganta, y se sentiría asqueado por los olores de la sangre, el aceite y el humo negro de la carne quemada de los animales. Todo esto era parte del sacrificio. No era un picnic veraniego. Entendiendo la ofrenda levítica instituida por Dios, usted comprenderá lo terrible que es el pecado a los ojos de un Dios Santo. El costo del pecado es grande, porque la Biblia dice que la paga del pecado es muerte (Romanos 6:23). En el sistema económico de Dios, alguien tiene que pagar el precio por el pecado.

Toda persona tiene una opción: aceptar el sacrificio de Cristo como expiación por su pecado, o rechazarlo. Pero nadie puede escapar con su pecado a cuestas. Dios lo sabe todo y lo ve todo, y mantiene un registro de nuestros pecados. La Biblia dice que nada escapa a los ojos de Dios (Apocalipsis 20:12). La triste realidad es que miles de millones de personas han muerto optando por no depositar su fe en el Cordero de Dios inmolado. ¿Hay algo más horrible o absolutamente desastroso que eso en la vida? ¡Yo digo que no!

EL CALVARIO FUE UN ESPECTÁCULO HORRIBLE

La escena del Calvario fue tan horrible que ni siquiera Dios podía mirarla. Dios oscureció el cielo sobre el Calvario el día en que Jesús colgado en la Cruz. Fue golpeado, le arrancaron del rostro la barba, y la espalda le fue cortada en pedazos por la flagelación. Estaba muy débil cuando subió el Monte del Calvario hasta la cima del Gólgota ("lugar de la calavera"). Camino a la colina había un rastro de huellas de sangre, ¡las huellas de un rey!

Ese día, hace mucho tiempo, el Monte Calvario era tan horrible y tan espantoso que Dios trató de ocultarlo. La oscuridad cayó sobre Jerusalén durante las últimas tres horas que Jesús pasó en la Cruz.

Pensar en el sacrificio tan increíble que se hizo por nosotros en la Cruz debería motivarnos a considerar que el mensaje de la Cruz es lo más importante de nuestra iglesia. La Cruz no es un tema más de predicación o una de las doctrinas de la fe. Tampoco es algo que sirvió solo para nuestra salvación y que luego dejamos atrás al ser salvos. Esta forma de pensar es una falta de respeto, y deja un hedor absolutamente reprochable en la nariz de Dios Todopoderoso.

La Cruz es el acto central de la historia humana. La vida y la muerte de Cristo dividieron el tiempo en dos: a.C. y d.C. La Cruz y lo que Jesús hizo allí deben ser el centro de toda nuestra predicación, enseñanza y alabanza. Debería ser la meditación de nuestros corazones durante toda la vida, hasta que lleguemos a la gloria. Luego, cuando lleguemos a la gloria comprenderemos de verdad y totalmente la revelación de la Cruz. Será incluso la única razón por la que estaremos en el cielo. ¡Le daremos gracias a Dios por la Cruz por toda la eternidad!

PRUEBA MÁS CONVINCENTE

El capítulo 2 de Josué recoge la historia de una prostituta llamada Rahab. Ella demostró fe en Dios y protegió a los espías israelitas. El ejército de Israel le perdonó la vida y no tocó su casa al invadir Jericó. El ejército destruyó todo excepto a su familia y amigos que estaban reunidos en su casa. Sus vidas fueron salvas como recompensa a su acto de fe.

Los espías le habían dicho que pusiera un cordón rojo grana fuera de su ventana. De esa manera, cuando el ejército invadiera la ciudad, no destruiría esa casa. El cordón color grana representa la sangre de Cristo. Es la única sangre que puede protegerle a usted del juicio del pecado. No importa que usted sea prostituta, drogadicto, borracho o incluso asesino: si se arrepiente y deposita su fe en Cristo y en su sangre derramada en la Cruz, será salvo de la destrucción venidera que tendrá lugar el día del juicio. Jesucristo es el Redentor, y su sangre derramada es el cordón rojo de la redención.

En I Reyes 18, Elías estaba harto de los falsos profetas de su época y de cómo estaban guiando al pueblo por mal camino. Entonces les pidió a todos los falsos profetas que se reunieran con él en la montaña a mediodía. Levantó un altar y cavó una zanja alrededor del altar y les pidió que la llenaran de agua. Luego partieron por la mitad un toro y lo pusieron sobre el altar.

Elías les pidió luego a los 450 profetas de Baal que clamaran a su Dios y le pidieran que mandara fuego y quemara el sacrificio. Gritaron, pero no hubo respuesta. Elías empezó a burlarse de ellos y les dijo que tal vez su dios estaba ocupado o de vacaciones.

Después de eso, Elías clamó a su Dios, y su grito hizo caer el fuego de Dios hasta el altar, y el sacrificio se quemó. Entonces todo el pueblo cayó sobre su rostro y gritó: *"¡Jehová es el Dios, Jehová es el Dios!"*. A continuación destruyeron a todos los 450 falsos profetas.

Esta escena es un tipo del Calvario. El fuego de Dios representa el juicio de Dios. Jesús fue el sacrificio perfecto, y el fuego del juicio de Dios cayó sobre él igual que cayó el becerro ese día en el Monte Carmelo. Tomó el castigo del pecado por todo el mundo.

DAVID TUVO UNA REVELACIÓN DE LA CRUZ

En el Salmo 22, el Rey David tuvo una revelación de la Cruz, y se convirtió en un ejemplo de la gracia en el Antiguo Testamento. *"Dios mío, Dios mío, ¿por qué me has desamparado? ¿Por qué estás tan lejos de mi salvación, y de las palabras de mi clamor?"* (Salmo 22:1).

El Salmo 22 nos ofrece una descripción de Cristo en la Cruz, que David vio mucho antes de sucediera de verdad. Dios le dio una mirada profética del futuro. David miró hacia adelante, a la Cruz y creyó. Hoy miramos hacia atrás, a la Cruz y creemos. Esta fe le puso bajo la Gracia y no la Ley. El Señor le mostró a David, por medio de una visión, a Jesucristo y éste crucificado. Por su fe en lo que vio, David actuó como creyente del Nuevo Pacto en el Antiguo Testamento. Por eso no tenía velo en su tabernáculo. El tabernáculo de David era un lugar de culto increíble, de lo que son testigos los cantos del libro de los Salmos. El tabernáculo de David era un lugar de libertad debido a su "revelación de la Cruz". Estaba abierto 24 horas al día, siete días a la semana.

CÓMO HACERSE "CRUZ-CÉNTRICO"

Cuando Dios comienza a darle a una persona la revelación de la Cruz, esa persona verá la Cruz en las Escrituras por todas partes. En Daniel, el león no puede atacar a Daniel, lo que es un tipo de la derrota de Satanás en la Cruz.

En Oseas, Dios le pide a Oseas que se case con una prostituta y que le perdone su pasado. Este es un ejemplo del perdón de Dios hacia nosotros, otorgado una vez más por la muerte de Cristo en la Cruz (Oseas 2-3).

159

En Joel, los ministros lloran continuamente ante el altar. Esto es una referencia al altar de bronce donde se ofrecían los sacrificios, que es un tipo del Calvario (Joel 1:13).

En Amos, el profeta trae el mensaje de juicio sobre el pueblo. Esto es una forma del juicio al que todo el mundo se enfrenta a causa del pecado, y hoy solo se evita creyendo lo que Cristo hizo en la Cruz por usted.

En Abdías, el profeta proclama juicio sobre Edom, pero declara que hay un Salvador que vendrá a salvarlos de sus pecados (Abdías 1:21).

Jonás fue un hombre que fue tragado por el "pez", y estuvo en su vientre durante tres días antes de ser escupido, lo que fue un tipo de la muerte, sepultura y resurrección de Jesús (Jonás 1:17, Mateo 12:40).

En el libro de Habacuc, el profeta habla de escribir la visión. Explica que la visión es para el tiempo señalado y añade que aunque tarda, hay que esperar, que no se retrasará. La visión de la que habla el profeta es Cristo muriendo en la Cruz para salvarnos de nuestros pecados. Luego declara que *"el justo vivirá por la fe".* El profeta entendía lo que eran gracia y misericordia cuando escribió que la única manera en que un hombre puede ser justificado es por fe en la visión, y esa visión es Cristo y éste crucificado (Habacuc 2:2-3).

En Malaquías, el profeta habla de la gente que ofrecía un sacrificio defectuoso. No le daban al Señor sus mejores animales como sacrificio por sus pecados, y Dios no los aceptaba. El único sacrificio que Dios acepta es un sacrificio perfecto, y el único sacrificio perfecto es Jesucristo y su muerte en la Cruz.

El Señor no aceptará todas nuestras buenas obras como pago por nuestros pecados. Hay millones de personas que están tratando de lograr la aceptación de Dios por sus propios actos de justicia (que son sólo de inmundicia ante los ojos de Dios). Pero estas cosas no nos harán ganar ni un gramo del favor de Dios. Son todas obras manchadas o imperfectas. Lo único que le traerá el favor de Dios a nuestras vidas es la fe en Cristo y lo que Cristo ha hecho, porque el único sacrificio que Dios acepta ha de ser perfecto.

El Nuevo testamento

En los cuatro Evangelios y en el libro de Hechos, el mensaje central es Jesucristo y éste crucificado, resucitado de los muertos. Todo apunta a ese acto de la historia humana. Es la mismita razón por la que Jesús vino a esta tierra. Nació para morir.

En la carta a los Romanos, Pablo escribe que sólo mediante la Cruz puede el creyente vivir una vida cristiana victoriosa. En Romanos aprendemos cómo opera nuestra salvación. Aprendemos que su sangre nos justifica y que nuestra fe nos salva, no nuestras obras (Romanos 5:1). Además, es nuestra fe en la obra terminada de Cristo lo que nos libera del dominio del pecado (Romanos 6:14).

En I Corintios 1:18, Pablo le dice a la iglesia que el mensaje de la Cruz tiene poder de Dios; y en 1:23, que la misión de la iglesia es predicar el mensaje de Cristo y éste crucificado. Pablo le dijo a la iglesia que este mensaje de la Cruz era lo único que él había decidido saber, que Cristo y éste crucificado es la verdad más importante de la cual surgen todas las demás (1 Corintios 2:2).

En II Corintios 5:17, Pablo nos dice que el creyente es una nueva criatura debido a lo que Cristo hizo en la Cruz. En este libro Pablo describe también los dones espirituales para la iglesia, pero estos dones siempre han de ser considerados con la perspectiva correcta: el amor es lo más importante. La Biblia dice que no hay mayor amor que este, dar la vida por los amigos (Juan 15:13). Esto se refiere a lo que Jesús hizo en la Cruz por nosotros.

En Gálatas, Pablo advierte de la predicación de otro evangelio que no sea el verdadero evangelio. Dice que solo se debe predicar un evangelio, el evangelio de la gracia.

Afirma fuertemente que quien predique otro evangelio que no sea el que él predicaba, que era Cristo y éste crucificado, debía ser excomulgado de la iglesia (Gálatas 1:8). Pablo dijo que solo se jactaría o gloriaría en la Cruz de Cristo (Gálatas 6:14). Era todo para él, y debería serlo todo para el creyente. Pablo era un fanático de la Cruz, y así deberíamos serlo todos los creyentes. Sin la Cruz, moriríamos en nuestros pecados y nos perderíamos para siempre en el infierno.

En Efesios 1:7, la Palabra de Dios declara que tenemos redención por la sangre que se derramó en la Cruz. Efesios también enseña que la muerte de Jesús en la Cruz es lo que ha derribado el muro de separación que existía entre Dios y nosotros (Efesios 2:1-16).

En Filipenses, Pablo compartió su deseo de conocer el poder de la resurrección de Jesucristo. Quería incluso participar en los sufrimientos de Jesús, y ser conformado a su muerte en la Cruz (Filipenses 3:10). Pablo se consumía de amor por su Salvador debido a lo que éste hizo en la Cruz.

Colosenses 2:14-15 habla de cómo Cristo ha destruido principados y potestades y exhibido públicamente al diablo y a todos sus demonios. ¡Todo esto fue hecho en el Calvario!

En I Tesalonicenses 1:5, la Palabra de Dios nos dice que el evangelio de Cristo (su muerte, sepultura y resurrección) no llegó solo en palabra sino también en poder. Este libro predice que Jesús regresará a por su esposa (la Iglesia).

II Tesalonicenses 1:8 nos dice que hay un gran castigo reservado para quienes no conocen a Dios o no obedecen el evangelio de Jesucristo. También habla de una gran apostasía justo antes de la segunda venida de Jesucristo (II Tesalonicenses 2:3). Cuando apartamos los ojos de Cristo y lo que ha hecho por nosotros en la Cruz siempre habrá una apostasía. Por eso el diablo trabaja muy duro para desviar la atención de los creyentes de la Cruz.

En I y II Timoteo se nos dice que "peleemos la buena batalla de la fe" (I Timoteo 1:18-19 y II Timoteo 6:12). Es importante señalar que la Biblia nunca nos dice que luchemos contra el pecado. No tenemos que luchar contra el pecado porque hay alguien que ya lo ha vencido. ¡Jesucristo derrotó el pecado en el Calvario! Lo que sí tenemos que pelear es la buena batalla de la fe. Satanás siempre está tratando de destruir nuestra fe o de apartarla de la Cruz, la obra terminada de Cristo. Debemos permanecer diligentemente en la Palabra de Dios y mantener los ojos fijos en Jesús y su sangre derramada por nosotros.

En II Timoteo leemos que Cristo abolió la muerte y le dio vida a este mundo pecaminoso. ¿Cómo lo hizo? Por su muerte y resurrección (II Timoteo 1:10).

En Tito, Pablo dice que hay que pararles los pies a los falsos maestros (Tito 1:10). Estos falsos maestros estaban tratando de mezclar ley y gracia para la salvación. No debe haber ninguna mezcla de gracia y obras. Somos salvos por gracia de Dios, gracia lograda cuando Él envió a Su Hijo a morir por nosotros. Nuestra justicia ante Dios es total y completamente marginal. Viene por la fe y solo la fe (Tito 3:5).

En el libro de Filemón aprendemos que todas las cosas buenas que hay en nosotros son de Cristo, y la forma en que Cristo puede llegar a nuestros corazones es por nuestra fe en lo que hizo por nosotros en la Cruz (Filemón 1:6).

Hebreos es uno de los libros más increíbles de la Biblia. Todo él es sobre la Cruz. Un estudio completo del libro de Hebreos le dará al creyente una comprensión más clara del Nuevo Pacto, que es todo sobre la sangre que Jesús derramó para la remisión de los pecados.

En Santiago, la fe salvadora es descrita como una fe que cambia nuestras vidas. Decir que creemos, pero sin cambiar nada, es igual que los demonios que dicen que creen (cosa que hacen) pero no son salvos (Santiago 2:19).

Los libros de Pedro, Juan y Judas apuntan a Cristo y lo que éste hizo en la Cruz.

El enfoque del cielo

Si usted estudia el libro de Apocalipsis verá que a Cristo se le llama "Cordero" veinticinco veces. También verá que las Escrituras no dicen que el cordero fue resucitado sino que fue "inmolado". ¿Significa eso que la resurrección no es importante? No, sin la resurrección de Cristo estaríamos todos aún perdidos en nuestros pecados. La resurrección le da validez a la Cruz y nos enseña que Dios ha aceptado el sacrificio de Cristo. La verdad es que uno nunca debe separar la Cruz y la resurrección. Van juntas. Sin embargo, la razón por la que las Escrituras ponen énfasis en el cordero de Dios inmolado es que la Cruz fue el lugar donde la deuda por el pecado fue pagada en su totalidad.

Cuando el Señor le abre los ojos al creyente a la revelación de la Cruz, esa persona comenzará a ver la Cruz por todas partes en las Escrituras. Usted no podrá agarrar su Biblia y no verla. Es la Cruz, la Cruz, la Cruz que lo ha libertado. Ojalá la iglesia lo viera y volviera a poner el enfoque en la vieja y rugosa Cruz. Habría un avivamiento por todo el mundo.

Ningún otro suceso de la historia humana puede liberar al hombre. La sangre de Cristo fue derramada en el árbol para salvar al mundo antiguo. Para el hombre pecador no hay nada que se acerque ni remotamente a la Cruz. Es el único camino al cielo.

Así que, ya es hora de que la iglesia de Jesucristo se haga "cruz-céntrica".

Capítulo doce

"Si lo construyes, Él vendrá"

Durante la Semana Santa de 1999 yo estuve buscando al Señor en oración y ayuno. Necesitaba dirección para nuestro Ministerio, la Joshua Revolution. Comenzamos en 1993 con una Conferencia anual de jóvenes que se celebraba durante las vacaciones de Navidad en la ciudad de Niagara Falls (Nueva York). El Señor había bendecido enormemente este evento, y nos daba la impresión de que íbamos a empezar a llevar la Conferencia a otras ciudades de Estados Unidos.

Pero yo no podía incursionar en otras ciudades sin tener primero un llamado claro por parte del Señor para hacerlo. El viernes Santo de 1999, mi esposa, Kathy, y yo fuimos al culto de nuestra iglesia y luego a cenar. Mi intención era romper un ayuno que ya llevaba una semana. En mi tiempo de oración y estudio de la Palabra, yo no había oído nada del Señor en con respecto a la Conferencia juvenil, así que en mi mente no veía en aquel momento como voluntad de Dios que nos aventuráramos a otras ciudades.

Cuando la camarera me sirvió la comida, oí una voz que me decía en mi interior: "No comas". Para sorpresa de mi esposa, le pedí a la camarera que me guardara la comida en un envase para llevármela a casa. Sentí que el Señor no quería que rompiera el ayuno todavía, y que tenía algo que quería revelarme.

Me fui a casa con toda la intención de buscar al Señor. Pero cuando llegamos, nuestro hijo de cuatro años, Drew, reclamó mi atención. Después de pasar tiempo con él me sentí muy cansado y le dije a Dios: *"Señor, estoy muy* cansado. *Me voy a la cama y mañana cuando me levante, te busco".*

Entonces encendí la televisión (parece que siempre me hace dormir). Fui cambiando de canales hasta que llegué a una película que me era familiar, <u>Campo de sueños</u>. El personaje principal, Ray Kinsella, oye una voz mientras trabajaba en su campo de maíz. Recuerdo que la voz decía: *"Si lo construyes, vendrán".* Pero la verdad es que eso no era cierto. Lo que la voz decía de verdad era: *"Si lo construyes, vendrá".*

Cuando oí esa frase fue como si el Espíritu de Dios invadiera mi sala de estar. Le había estado preguntando al Señor en oración toda la semana si debíamos llevar la Conferencia a otras ciudades de Estados Unidos. Así que sabía que el Señor me estaba dando la respuesta a mis oraciones. ¡Pero tenía que estar seguro! Es decir, no podía dejar que la voz de Shoeless Joe[2] fuera mi llamado. Así que le pregunté al Señor: *"Construir ¿qué?, Señor".* Me dijo muy claramente entonces: "Quiero que lleves la Conferencia de Niágara a ciudades de toda América, y quiero que construyas mi iglesia". Desde esa noche hasta ahora, hemos intentado cumplir ese llamado.

Construyamos la Iglesia de Dios

Poco tiempo después de recibir esta Palabra de Jehová, supe del libro *La casa favorita de Dios*: si la construyes, Él vendrá. Salí inmediatamente y compré un ejemplar de ese libro. Aunque nunca había oído hablar del autor, Tommy Tenney, el título me intrigó. Tuve la impresión de cuando leyera ese libro, Dios me daría una revelación mayor sobre cómo construir su iglesia.

Los escritos del hermano Tenney me acercarían más en mi búsqueda. El autor escribió:

---

2 "Shoeless Joe" Jackson, pelotero de las grandes ligas y personajes de la película *Campo de sueños* (N. de la T.)

"Dios está buscando una iglesia que haya aprendido a construir un propiciatorio para su gloria. Cuando encuentre una casa que ha pagado el precio para construirle un lugar de descanso, se quedará. Entonces veremos un avivamiento diferente a todo lo que hayamos visto antes".[1]

Esta declaración sobre el propiciatorio me intrigó, y comencé a estudiar en profundidad los detalles del tabernáculo del Antiguo Testamento, en busca de las claves del avivamiento. La palabra de Dios es como un cofre con joyas preciosas que esperan ser halladas.

Mientras estudiaba el propiciatorio, empecé a aprender dónde debe estar el foco de la iglesia. En Éxodo, capítulo 25, después de darle la ley a Moisés, Dios mandó que se levantara una morada especial para Él. Su presencia podría manifestarse allí todos los días, y allí se comunicaría con el pueblo por medio de Moisés y los sumos sacerdotes de las generaciones venideras. Dios siempre ha querido a morar con el hombre. Le dijo a Moisés:

"Y de allí me declararé a ti, y hablaré contigo de sobre el propiciatorio, de entre los dos querubines que están sobre el arca del testimonio, todo lo que yo te mandare para los hijos de Israel" (Éxodo 25:22).

La gloria de Dios aparecería sobre el tabernáculo, y su presencia habitaría entre el propiciatorio y los querubines. Esta es una imagen de lo que el Señor quiere hoy de su iglesia: relación con los creyentes, no el edificio.

A Moisés primero le fue mandado construir el arca del testimonio de madera de acacia y superponerle oro. Esto es un símbolo de la perfección de Cristo, cuando estaba en la Cruz. Dios le pidió a Moisés que metiera en el arca los Diez Mandamientos, apuntando una vez más al hecho de que Cristo viniera y cumpliera la Ley (Éxodo 25: 10-16).

A continuación, Moisés tuvo que hacer un propiciatorio de oro puro (tipo de la perfección de Cristo). El propiciatorio es el lugar de la expiación (Éxodo 25:17). Era exactamente un lugar de misericordia.

Después de eso, Dios le pidió a Moisés que hiciera dos querubines de oro y que pusiera uno en cada extremo del arca. Estos representan a los seres angélicos que adoran sin cesar en el cielo. El Señor le dio a Moisés detalles muy concretos para la fabricación de los querubines. Dijo: *"Y los querubines extenderán por encima las alas, cubriendo con sus alas el propiciatorio; sus rostros el uno enfrente del otro, mirando al propiciatorio los rostros de los querubines"* (Éxodo 25:20).

Observe que Jehová le mandó a Moisés que pusiera los querubines uno frente al otro, pero tenían la vista baja, mirando el propiciatorio donde se echaba la sangre. ¿Por qué? Porque el centro y el objeto de nuestra adoración es Jesucristo y su sangre derramada en la Cruz. Tenemos que estar siempre agradecidos por su sangre, que nos ha limpiado de todos nuestros pecados.

Hace dos mil años, Jesucristo, el Cordero de Dios perfecto, el sacrificio perfecto, derramó su sangre en la Cruz para calmar o quitar el juicio de Dios sobre un mundo perdido y pecaminoso. Cuando un pecador viene a la Cruz y deposita su fe en lo que Jesucristo hizo en la Cruz para quitar el pecado, Dios envía al Espíritu Santo a la vida de esa persona. Esta es la experiencia de nacer de nuevo (Juan 3:3).

De hecho, el descubrimiento o la revelación de la Cruz como propiciatorio se encuentra en Romanos 3:25, que dice: *"a quien Dios puso [Jesús] como propiciación por medio de la fe en su sangre, para manifestar su justicia, a causa de haber pasado por alto, en su paciencia, los pecados pasados".*

La palabra "propiciación" en griego es "hilasterion", que significa "tapa, cubierta o asiento de misericordia". La verdad de este pasaje nos ofrece una revelación increíble. Jesucristo y éste crucificado es el propiciatorio. Lo que le trajo gloria a Dios fue el propiciatorio y la adoración en el propiciatorio, simbolizada por los querubines.

Cuando Jesús salió del agua después de ser bautizado por Juan el Bautista, la Biblia dice que los cielos se abrieron y que el Espíritu Santo descendió en forma de paloma y se posó sobre Jesús. Y una voz del cielo habló diciendo: *"Y hubo una voz de los cielos, que decía: Este es mi Hijo amado, en quien tengo complacencia"* (Mateo 3:17).

El favor de Dios se basa completamente en su hijo Jesucristo y lo que éste hizo en la Cruz. Cuando la iglesia pone a Cristo y su sangre preciosa en el centro de la alabanza, entonces y solo entonces descenderá el Espíritu Santo y se manifestará el favor de Dios. ¡Esta es la clave del verdadero avivamiento!

ALABANZA VERDADERA VERSUS ALABANZA FALSA

En los últimos años ha habido un movimiento increíble de Dios en el área de la adoración. Literalmente ha cambiado el mundo de la iglesia. Este mover de Dios está preparando a la esposa para el esposo. Él vendrá pronto, y la iglesia de Jesucristo está preparándose para ese gran día en que experimentemos la pura adoración en el cielo con todos los ángeles.

La Biblia deja claro lo que es el foco de la adoración en el cielo. Nos dice que hay miles y miles de ángeles, seres vivientes y ancianos alrededor del trono de Dios. Están diciendo en voz alta: *"El Cordero que fue inmolado es digno de tomar el poder, las riquezas, la sabiduría, la fortaleza, la honra, la gloria y la alabanza"* (Apocalipsis 5:12). Más información sobre el objeto de adoración se encuentra en el siguiente versículo: *"Y a todo lo creado que está en el cielo, y sobre la tierra, y debajo de la tierra, y en el mar, y a todas las cosas que en ellos hay, oí decir: Al que está sentado en el trono, y al Cordero, sea la alabanza, la honra, la gloria y el poder, por los siglos de los siglos"* (Revelación 5:13).

Todo el cielo adora al Padre, que se sienta en el trono, y al Cordero inmolado de Dios, que está sentado a su diestra. Serán objeto de nuestra adoración por toda la eternidad.

Fíjese en que las Escrituras se refieren a Jesús como el Cordero inmolado de Dios. Esto significa que la adoración celestial descansa sobre la admiración y el aprecio por lo que Jesucristo hizo en la Cruz para redimir a la humanidad.

La iglesia moderna ha abandonado la Cruz, en su mayor parte, y el centro de la adoración hoy día no está en el Cordero inmolado. Nosotros mismos y otras cosas se han convertido en objeto de nuestra adoración. Debemos volver a los antiguos caminos. Jeremías el profeta afirmó: *"Así dijo Jehová: Paraos en los caminos, y mirad, y preguntad por las <u>sendas antiguas</u>, cuál sea el buen camino, y andad por él, y hallaréis descanso para vuestra alma. Mas dijeron: No andaremos"* (Jeremías 6:16).

Si perdemos el enfoque de a quién estamos adorando, entonces solo estamos ofreciendo una adoración falsa. Todo el tabernáculo se enfocaba en el propiciatorio. Era el lugar de expiación. Era el lugar donde Dios cubriría el pecado del hombre. La sangre del sacrificio tenía que ponerse en el propiciatorio durante el día de la expiación. Este acto de fe apaciguaría el juicio de Dios por los pecados del pueblo.

Cuando la iglesia aparta los ojos de la sangre y comienza a enfocarse en la adoración —o en cualquier otra cosa— se convierte en una adoración falsa. El apóstol Pablo entendió lo que debía ser el foco central del creyente, y por eso escribió estas palabras en I Corintios 2:2: *"Pues me propuse no saber entre vosotros cosa alguna sino a Jesucristo, y a éste crucificado".*

Cristo y La cruz son el propiciatorio de hoy

Cuando el Viernes Santo de 1999 el Señor usó esa frase de la película "Campo de sueños", "Si lo construyes, Él vendrá", lo que en esencia me estaba diciendo era: "Quiero hacer un propiciatorio". El propiciatorio es la Cruz, y la sangre que Jesucristo derramó allí. Debería ser el centro de la adoración de todos. El punto clave es Cristo y éste crucificado.

El Señor quiere que la sangre de Cristo sea predicada y enseñada claramente en nuestras iglesias. Quiere hacernos comprender que la Cruz es para una vida santa (santificación), igual que la Cruz es para salvación (justificación). La sanidad divina viene también por medio de la Cruz. (Ver Mateo 8:17).

Todo creyente desea tener un encuentro divino con Dios en el que el Señor se mueva y nos hable de tal manera que nos cambie para siempre. ¡Dios quiere tener un encuentro con el hombre! Está esperando que tengamos el enfoque claro.

Cuando David le devolvió el arca a Jerusalén, lo que en esencia estaba haciendo era llevar de vuelta allí la presencia de Dios, que se cernía sobre el propiciatorio. La preocupación principal de David no eran la caja de oro ni siquiera los Diez Mandamientos que estaban dentro del Arca; al él le preocupaba que la presencia de Dios estuviera en la ciudad de Jerusalén.

El viaje de David es una imagen de la iglesia de hoy. Necesitamos que la presencia de Dios regrese a la iglesia. Dios ha abandonado la mayoría de las iglesias. En Apocalipsis 3:20 le dice a la iglesia de Laodicea: *"he aquí, yo estoy a la puerta y llamo; si alguno oye mi voz y abre la puerta, entraré a él, y cenaré con él, y él conmigo".*

Esto presenta una imagen muy alarmante. Jesús está fuera de su iglesia, llamando a la puerta y tratando de entrar. ¡Qué terrible afrenta la de la iglesia de Laodicea! Desafortunadamente, esta es la situación de muchas iglesias y muchos creyentes hoy en día.

Cada vez que una iglesia o un creyente se alejan de la Cruz, se ve muy poca evidencia del Espíritu Santo. Sólo se encontrará esterilidad espiritual. Hoy en día la mayoría de las iglesias han perdido su camino. (Gracias a Dios, no todas). La mayoría no está predicando la Cruz, como sí se hacía hace cincuenta años. Como resultado, nuestro Amado se ha ido del edificio. *"Abrí yo a mi amado; pero mi amado se había ido, había ya pasado; y tras su hablar salió mi alma. Lo busqué, y no lo hallé; lo llamé, y no me respondió"* (Cantar de los Cantares 5:6).

SE ACERCA EL AVIVAMIENTO

Yo creo que Dios se está preparando otra vez para abrir las ventanas de los cielos y derramar su Espíritu, tal y como lo hizo en el libro de Hechos. La cuestión es: *"¿Dónde y cuándo comenzará?"*.

La iglesia es ahora como una mujer embarazada de nueve y medio meses. El vientre de la iglesia está hinchado, y nos sentimos incómodos. Y como la futura mamá, lo único que queremos es que salga el bebé. Hay una frustración santa en el corazón de muchos en el pueblo de Dios. Hemos oído hablar de los avivamientos; hemos leído sobre los avivamientos, algunos de nosotros incluso hemos conocido a personas mayores que han vivido un avivamiento. Pero la mayoría de nosotros nunca ha visto un verdadero avivamiento del Espíritu Santo.

Vemos la desesperación del mundo. Hemos experimentado la sequedad de la iglesia, y estamos hambrientos, esperando que Dios se mueva. Es la única respuesta para una iglesia que se está descarriando.

Creo que el señor está reconstruyendo el propiciatorio a medida que los pastores y líderes espirituales de esta tierra vuelven a la Cruz. Necesitamos a personas como Martín Lutero, que se alcen y nos guíen en otra reforma espiritual.

John Bunyan escribió un libro clásico llamado *El progreso del peregrino*, que ha bendecido a millones, pero también escribió otro libro que no consiguió tanta atención: *El sacrificio aceptable*. Bunyan afirmó creer que ese era su mejor trabajo, incluso mejor que *El progreso del peregrino*. Trata todo él sobre el quebrantamiento, y está basado en el

Salmo 51. Escribió: "la llave preciosa que abre las riquezas de la presencia de Dios es el quebrantamiento del corazón hacia lo que Jesús hizo en la Cruz por nosotros".[2] Los cristianos de todo el mundo desean que llegue un avivamiento. Para que haya un avivamiento en el mundo debemos aprender la lección que aprendió de David. En I Crónicas 13:7 leemos que transportaban el arca en un carro tirado por bueyes, pero Dios les había instruido en su Palabra que eran los sacerdotes quienes debían llevar el arca. El Señor no quería que la fuerza de los bueyes llevara su presencia; quería que lo hicieran hombres frágiles y vulnerables. No quería que fuera fácil: quería que sudaran y trabajaran duro para llevar el arca.

Cuando buscamos a Dios para que venga un avivamiento, las cosas se ponen más pesadas, no más fáciles. Se siente el peso de las almas perdidas, y eso te rompe por dentro. Buscar a Dios para tener un avivamiento exigirá por parte de Dios que muera toda carne. Será un viaje doloroso, pero al final todo valdrá la pena. La mayoría de la gente no está dispuesta a pagar ese precio. La mayoría quiere que sea de una manera fácil, así que atiborran las cosas santas de Dios en un carro nuevo hecho por el hombre. Les interesa más que la gente esté cómoda que en seguir la Palabra de Dios.

Le voy a decir una cosa, amigo mío: Dios no está buscando que la iglesia tenga las cosas fáciles, sino que está buscando levantar su iglesia a su manera. Y su manera es la manera de la Cruz. La manera de la Cruz no es una manera fácil. De hecho, es una senda estrecha, y la mayoría de la gente quiere tomar la senda ancha. Pero si seguiremos el camino de la Cruz, que va a morir a la carne, entonces llegará la vida de la resurrección. Cuando llegue una nueva vida, entonces cambiará el mundo. ¡Gloria a Dios!

TENEMOS QUE REGRESAR AL PLAN ORIGINAL

No existe ningún método o programa nuevo que nos lleve al avivamiento. Tenemos que redescubrir la receta original de Dios y deja de incursionar en la producción de carros nuevos. Lo más importante que ha de hacer la iglesia es hacer que lo más importante sea lo más importante. Y lo más importante es Jesucristo y éste crucificado.

Debemos plantearnos la pregunta *"¿Ha cambiado la santidad de Dios desde la época del Antiguo Testamento?"*. La respuesta es: *"¡No!"*. Entonces, ¿por qué existe en la iglesia de hoy esa actitud de que podemos construir nuevos carros en el nombre de la evangelización, y que eso está bien? ¿Por qué estamos manejando las cosas de Dios orientándolas excesivamente a tratar de agradar a quienes están buscando, a quienes aún no conocen a Dios?

Jesús dijo: *"Pero yo, cuando sea levantado de la tierra, atraeré a todos a mí mismo"* (Juan 12:32). La iglesia de hoy está concentrada en atraer a hombres en vez de levantar a Jesucristo y predicar el mensaje de la Cruz. Nuestra tarea consiste en levantar a Jesucristo y éste crucificado, y Su tarea es atraer a la gente. Si la iglesia se construye de la forma en que Él nos dice, entonces Él vendrá. Y cuando Él venga, ¡entonces vendrán ellos!

Mi oración es que todo el que lea *Cross-Eyed* reciba una revelación de la Cruz del Señor. Sin embargo, si es solo uno quien lo consigue, valió la pena, ¡incluso para uno!

NOTAS

Capítulo 3- La naturaleza pecaminosa versus la naturaleza divina

1. Wuest, Kenneth. Romans in the Greek New Testament for the English Reader [Romanos en el Nuevo Testamento en griego para el lector angloparlante], Wm. B. Eerdmans Publishing Company, Grand Rapids, Michigan, 1955, p.91

2. Ibid.

3. Ibid, pp.91, 111

Capítulo 4- ¿Cómo se salva el pecador?

1. Murray, Andrew, The Prayer Life [La vida de oración], Zondervan Publishing House

2. Tozer, A.W. Man: The Dwelling Place Of God [El hombre: lugar donde habita Dios], Christian Publications, 1966, p. 72

3. Robeck, Jr., Cecil M., The Azusa Street Mission and Revival [La misión y el avivamiento de la calle Azusa], Nelson Reference -amp; Electronic Publishing, 2006

Capítulo 5- ¿Por qué llevo una vida cristiana de derrota?

1. Swaggart, Jimmy, SonLife Radio, Baton Rouge, Louisiana

2. Ethics of America Youth, 2002 report [Ética de la juventud americana], (Marina del Rey, California: Josephson Institute of Ethics, 2002)

Capítulo 6- La batalla equivocada

1. Swaggart, Jimmy. Expositor's Study Bible, Jimmy Swaggart Ministries, Romanos 7, p. 1981

Capítulo 9- ¿Qué debo hacer para caminar en el Espíritu?

1. Wuest, Kenneth. Romans in the Greek New Testament for the English Reader, Wm. B. Eerdmans Publishing Company, Grand Rapids, Michigan, 1955, p. 130

2. Ibid.

3. Ibid.

Capítulo 10- ¡Un día nuevo!

1. Wilkerson, David. The Nuevo Covenant Unveiled, Wilkerson Trust Publication, p. 54

2. Jimmy Swaggart. Bible Commentary [Comentario bíblico], vol I., Baton Rouge, Louisiana, World Evangelism Press, 1993, p. 189

3. Wilkerson, David. The New Covenant Unveiled [El Nuevo Pacto desvelado], Wilkerson Trust Publication, p. 57

Capítulo 12 - "Si lo construyes, Él vendrá"

1. Tenney, Tommy. God's Favorite House [La casa favorita de Dios], Destiny Image® Publishers, Inc., Shippensburg, Pensilvania, 1999, p. 49

2. Bunyan, John. The Acceptable Sacrifice [El sacrificio aceptable], Londres, 1692

www.ingramcontent.com/pod-product-compliance
Lightning Source LLC
LaVergne TN
LVHW051555080426
835510LV00020B/2988